中华人民共和国
新法规汇编

2019
第12辑

司 法 部 编

中国法制出版社

图书在版编目(CIP)数据

中华人民共和国新法规汇编.2019年.第12辑:总第274辑/司法部编.—北京:中国法制出版社,2020.1

ISBN 978-7-5216-0799-4

Ⅰ.①中… Ⅱ.①司… Ⅲ.①法规-汇编-中国-2019 Ⅳ.①D920.9

中国版本图书馆CIP数据核字(2020)第009116号

中华人民共和国新法规汇编

ZHONGHUA RENMIN GONGHEGUO XIN FAGUI HUIBIAN

(2019年第12辑)

编者/司法部

经销/新华书店

印刷/三河市紫恒印装有限公司

开本/850毫米×1168毫米 32开　　印张/5 字数/110千

版次/2020年1月第1版　　2020年1月第1次印刷

中国法制出版社出版

书号 ISBN 978-7-5216-0799-4　　定价:18.00元

北京西单横二条2号

邮政编码 100031　　传真:010-66031119

网址:http://www.zgfzs.com　　**编辑部电话:010-66066621**

市场营销部电话:010-66033393　　**邮购部电话:010-66033288**

编 辑 说 明

一、《中华人民共和国新法规汇编》是国家出版的法律、行政法规汇编正式版本，是刊登报国务院备案并予以登记的部门规章的指定出版物。

二、本汇编收集的内容包括：上一个月内由全国人民代表大会及其常务委员会通过的法律和有关法律问题的决定，国务院公布的行政法规和国务院文件，报国务院备案并予以登记的部门规章，最高人民法院和最高人民检察院公布的司法解释。另外，还收入了上一个月内报国务院备案并予以登记的地方性法规和地方政府规章目录。

三、本汇编所收的内容，按下列分类顺序编排：法律，行政法规，国务院文件，国务院部门规章，司法解释。每类中按公布的时间顺序排列。报国务院备案并予以登记的地方性法规和地方政府规章目录按 1987 年国务院批准的行政区划顺序排列；同一行政区域报备两件以上者，按公布时间顺序排列。

四、本汇编每年出版 12 辑，每月出版 1 辑。本辑为 2019 年度第 12 辑，收入 2019 年 11 月份内公布的国务院文件 4 件、报国务院备案并经审查予以登记编号的部门规章 9 件、司法解释 1 件，补收 2019 年 10 月份内公布的司法解释 1 件，共计 15 件。

五、本汇编在编辑出版过程中，得到了国务院有关部门和有关方面以及广大读者的大力支持和协助，在此谨致谢意。

司法部

2019 年 12 月

目　录

国务院文件

国务院部门规章

司法解释

附：

国务院文件

国务院办公厅关于对国务院第六次大督查发现的典型经验做法给予表扬的通报

（2019 年 11 月 1 日　国办发〔2019〕48 号）

为进一步推动中央经济工作会议部署和《政府工作报告》提出目标任务的贯彻落实，国务院部署开展了第六次大督查。从督查情况看，各有关地区在以习近平同志为核心的党中央坚强领导下，以习近平新时代中国特色社会主义思想为指导，认真落实党中央、国务院重大决策部署，求真务实、攻坚克难，统筹推进稳增长、促改革、调结构、惠民生、防风险、保稳定各项工作，加大“六稳”工作力度，各项工作取得积极成效。在对 16 个省（区、市）开展实地督查中，除发现一些地方存在有令不行、有禁不止，不作为慢作为乱作为等问题外，也发现有关地方在减税降费、稳定和扩大就业、深化“放管服”改革优化营商环境、推动创新驱动发展、合理扩大有效投资等方面主动作为、精准发力，在实践中创造和形成了一批好的经验做法。

为表扬先进，宣传典型，进一步激发和调动各地区、各部门锐意进取、改革创新的积极性、主动性和创造性，推动形成善于破解难题、勇于干事创业的良好局面，经国务院同意，对天津市加强财政开源节流保障重点项目实施、四川省探索职务科技成果权属改革打通科技与经济结合通道等 32 项地方典型经验做法予以通报表扬。希望受到表扬的地方牢记使命，珍惜荣誉，发扬成绩，奋力拼搏，再创佳绩。

各地区、各部门要坚决贯彻落实党中央、国务院决策部署，坚持稳中求进工作总基调，坚持新发展理念，坚持推动高质量发展，坚持以供给侧结构性改革为主线，坚持深化市场化改革、扩大高水平开放，学习借鉴典型经验做法，认真履职尽责，强化责任担当，抓深抓实抓细抓好各项工作，力戒形式主义官僚主义，保持经济持续健康发展和社会大局稳定，确保完成全年经济社会发展主要目标任务，为实现"两个一百年"奋斗目标和中华民族伟大复兴的中国梦作出新的更大贡献。

附件：国务院第六次大督查发现的典型经验做法（共 32 项）

国务院第六次大督查发现的典型经验做法
（共 32 项）

1. 天津市加强财政开源节流保障重点项目实施。

2. 天津市打造职业教育高水平聚集园区助力经济社会发展。

3. 山西省以政务信息化改革为突破口优化营商环境。

4. 山西省运城市实施"凤还巢"计划服务在外务工创业人员。

5. 内蒙古自治区推行 i 税服务平台便捷服务纳税人。

6. 内蒙古自治区鄂尔多斯市强化债券全流程管理有效支撑项目建设。

7. 辽宁省积极发展"飞地经济"打造经济发展新引擎。

8. 辽宁省推进不动产交易登记一体化改革利民利企。

9. 吉林省吉林市发展"冰雪经济"促进产业转型升级。

10. 吉林省四平市推行政务服务无差别全科受理改革提高审批效率。

11. 安徽省以"四送一服"双千工程为抓手破解企业发展难题。

12. 安徽省亳州市搭建企业联办服务平台实现企业快速开办。

13. 江西省打造"赣服通"平台实现政务服务事项"掌上办"。

14. 江西省抚州市推行非税收入收缴电子一体化管理改革提升服务效能。

15. 山东省推出“组合拳”夯实就业基础。

16. 山东省青岛蓝色硅谷核心区打造开放创新合作平台提升科技支撑能力。

17. 广西壮族自治区建设“桂建通”平台探索破解农民工工资拖欠难题。

18. 广西壮族自治区南宁市推进“互联网 + 不动产登记”改革构建智能服务新体系。

19. 海南省建设进出岛人流、物流、资金流监管系统服务自由贸易港建设。

20. 海南省构建减税降费风险统筹应对体系强化风险防控。

21. 重庆市对接“项目池”与“资金池”创新政府投资对接平衡机制。

22. 重庆市探索知识价值信用贷款改革打开科技型企业轻资产融资之门。

23. 四川省成都高新技术产业开发区打造五大应用场景培育发展新动能。

24. 四川省探索职务科技成果权属改革打通科技与经济结合通道。

25. 贵州省硬化预算约束提高财政资金使用效益。

26. 贵州省统筹“一云一网一平台”建设提升“一网通办”效能。

27. 云南省多措并举有效降低企业用电成本。

28. 云南省昆明市创新公共资源交易监管机制营造公平守信市场环境。

29. 甘肃省运用电子健康卡探索打通就医“最后一公里”。

30. 甘肃省兰州市推行“四办四清单”制度提升服务水平。

31. 宁夏回族自治区深入推进工程建设项目审批制度改革激发投资活力。

32. 宁夏回族自治区宁东能源化工基地聚焦重点降成本促进实体经济发展。

国务院关于在自由贸易试验区开展“证照分离”改革全覆盖试点的通知

（2019 年 11 月 6 日　国发〔2019〕25 号）

近年来，国务院决定对部分涉企经营许可事项在上海等地试点开展“证照分离”改革并逐步复制推广，有效降低了企业制度性交易成本，优化了营商环境，激发了市场活力和社会创造力。为进一步克服“准入不准营”现象，使企业更便捷拿到营业执照并尽快正常运营，国务院决定，在全国各自由贸易试验区对所有涉企经营许可事项实行清单管理，率先开展“证照分离”改革全覆盖试点。现就有关事项通知如下：

一、总体要求

（一）指导思想。以习近平新时代中国特色社会主义思想为指导，全面贯彻党的十九大和十九届二中、三中、四中全会精神，按照党中央、国务院决策部署，持续深化“放管服”改革，进一步明晰政府和企业责任，全面清理涉企经营许可事项，分类推进审批制度改革，完善简约透明的行业准入规则，进一步扩大企业经营自主权，创新和加强事中事后监管，打造市场化、法治化、国际化的营商环境，激发微观主体活力，推动经济高质量发展。

（二）试点范围和内容。在深入总结近年来对部分涉企经营许可事项实施“证照分离”改革经验基础上，自 2019 年 12 月 1 日起，在上海、广东、天津、福建、辽宁、浙江、河南、湖北、重庆、四川、陕西、海南、山东、江苏、广西、河北、云南、黑龙江等自由贸易试验区，对所有涉企经营许可事项实行全覆盖清单管理，按照直接取消审批、审批改为备案、实行告知承诺、优化审批服务等四种方式分类推进改革，为在全国实现“证照分离”改革全覆盖形成可复制可推广的制度创新成果。

在法律、行政法规和国务院决定允许范围内，各省、自治区、直辖市人民政府可以决定在其他有条件的地区开展“证照分离”改革全覆盖试点，可以决定对涉企经营许可事项采取更大力度的改革举措，国务院有关部门要积极支持。

二、实现涉企经营许可事项全覆盖

（一）建立清单管理制度。要按照“证照分离”改革全覆盖要求，将涉企经营许可事项全部纳入清单管理，逐项列明事项名称、设定依据、审批层级和部门、改革方式、具体改革举措、加强事中事后监管措施等内容。清单要定期调整更新并向社会公布，接受社会监督。清单之外不得违规限制企业（含个体工商户、农民专业合作社，下同）进入相关行业或领域，企业取得营业执照即可自主开展经营。

（二）分级实施清单管理。法律、行政法规、国务院决定设定（以下统称中央层面设定）的涉企经营许可事项清单（见附件1）的调整，由国务院审改办商有关部门提出并按程序报批。地方性法规、地方政府规章设定（以下统称地方层面设定）的涉企经营许可事项清单，由有关省级人民政府指定部门组织按程序制定，2019年11月30日前以省为单位集中向社会公布。

三、分类推进审批制度改革

（一）直接取消审批。对设定必要性已不存在、市场机制能够有效调节、行业组织或中介机构能够有效实现行业自律管理、通过事中事后监管能够有效规范的涉企经营许可事项，直接取消审批。

取消审批后，企业持有营业执照即可开展经营。市场监管部门要及时将相关企业设立、变更登记信息通过政务信息共享平台推送至有关主管部门，有关主管部门及时将相关企业纳入监管范围，依法实施事中事后监管。

（二）审批改为备案。对可以取消审批的涉企经营许可事项，需要企业及时主动提供有关信息，以便有关主管部门有效实施行业管理、维护公共利益的，由审批改为备案。要坚决防止以备案之名行审批之实。

对审批改为备案的事项，原则上要按照“多证合一”的要求在企业登记注册环节一并办理，由市场监管部门及时将备案信息推送至有关主管部门。确需到有关主管部门办理备案的，要简化备案要素，强化信息共享，方便企业办事。企业备案后，有关主管部门要依法实施有效监管。对未按规定备案或备案信息不实的企业，要明确监管规则，依法调查处理并采取措施予以纠正。

（三）实行告知承诺。对确需保留的涉企经营许可事项，企业就符合经营许可条件作出承诺，有关主管部门通过事中事后监管能够纠正不符合经营许可条件行为、有效防范风险的，实行告知承诺。

对实行告知承诺的事项，有关主管部门要依法准确完整列出可量化可操作、不含兜底条款的经营许可具体条件，明确监管规则和违反承诺的后果，一次性告知企业，并提供告知承诺书示范文本。对企业自愿作出承诺并按要求提交材料的，要当场作出审批决定。

对企业承诺已具备经营许可条件的，企业领证后即可开展经营。对企业尚不具备经营许可条件但承诺领证后一定期限内具备的，企业达到经营许可条件并按要求提交材料后，方可开展经营。有关主管部门应将通过告知承诺领证的企业与通过一般审批程序领证的企业平等对待，根据风险状况加强事中事后监管。要将企业承诺内容向社会公开，方便社会监督。有关主管部门发现企业不符合承诺条件开展经营的，要责令限期整改，逾期不整改或整改后仍达不到要求的，要依法撤销许可证件。因未按规定告知造成的损失由有关主管部门承担，因虚假承诺或违反承诺造成的损失由企业承担。

（四）优化审批服务。对关系国家安全、公共安全、金融安全、生态安全和公众健康等重大公共利益，不具备取消审批或实行告知承诺条件的涉企经营许可事项，应当采取切实措施优化审批服务，提高审批效率、降低办事成本。

对优化审批服务的事项，有关主管部门要针对企业关心的难点痛点问题，采取以下措施：一是下放审批权限。对由自由贸易试验区实施更为便捷高效、能够有效承接的事项，应将审批权限下放或委托给自由贸易试验区所在地有关主管部门，最大程度实现区内企业就近办事。二是压减审批要件和环节。要大幅精简经营许可条件和审批材料，坚决取消"奇葩证明"，采取并联办理、联合评审等方式优化办事流程，主动压减审批时限。三是延长或取消有效期限。对许可证件设定了有效期限但经营许可条件基本不变的，原则上要延长或取消有效期限。四是公布总量控制条件和存量情况。对有数量限制的事项，要定期公布总量控制条件、布局规划、企业存量、申请企业排序等情况，方便企业自主决策。同时，鼓励各地区、各部门积极探索优化审批服务的创新举措。

四、完善改革配套政策措施

（一）规范企业登记经营范围与申办经营许可的衔接。市场监管部门要商有关主管部门明确涉企经营许可事项对应的经营范围表述，推行经营范围规范化登记，理清证照对应关系。企业办理登记注册时，市场监管部门要根据企业自主申报的经营范围，明确告知企业需要办理的经营许可事项，并将需申请许可的企业信息通过政务信息共享平台精准推送至有关主管部门；有关主管部门要依企业申请及时办理相关经营许可，并将办理结果通过政务信息共享平台推送至市场监管部门。

（二）强化涉企经营信息归集共享。有关部门要将企业登记注册、经营许可、备案、执法检查、行政处罚等信息及时归集至全国一体化在线政务服务平台、全国信用信息共享平台、国家企业信用信息公示系统，除涉及国家秘密外，实现涉及企业经营的政府信息集中共享。有关部门可通过信息共享获取的信息，一律不得再要求企业提供。涉及部门垂直管理业务信息系统的，有关部门要积极回应地方信息需求，抓紧出台便捷可行的信息归集共享实施方案。

（三）持续提升审批服务质量和效率。有关主管部门要深入推进审批服务标准化，制定并公布准确完备、简明易懂的办事指南，规范自由裁量权，严格时限约束，消除隐性门槛。要加快推进“互联网+政务服务”，推动涉企经营许可事项从申请、受理到审核、发证全流程“一网通办”、“最多跑一次”。要加强对审批行为的监督管理，建立审批服务“好差评”制度，由企业评判服务绩效。

（四）创新和加强事中事后监管。要坚持放管结合、并重，按照“谁审批、谁监管，谁主管、谁监管”原则，加强审批与监管的衔接，健全监管规则和标准，坚决纠正“不批不管”、“只批不管”、“严批宽管”等问题。要全面推行“双随机、一公开”监管、跨部门联合监管和“互联网+监管”，对新技术、新产业、新业态、新模式实行包容审慎监管，对高风险行业和领域实行重点监管。要加强信用监管，依法查处虚假承诺、违规经营等行为并记入信用记录，实行失信联合惩戒。要强化社会监督，依法及时处理投诉举报，引导社会力量参与市场秩序治理。要增强监管威慑力，对严重违法经营的企业及相关责任人员，依法撤销、吊销有关证照，实施市场禁入措施。

（五）坚持依法推进改革。按照重大改革于法有据的要求，依照法定程序开展相关工作。国务院决定，根据《全国人民代表大会常务委员会关于授权国务院在自由贸易试验区暂时调整适用有关法律规定的决定》，3 年内在各自由贸易试验区暂时调整适用《中华人民共和国对外贸易法》等 6 部法律有关规定；同时，在各自由贸易试验区暂时调整适用《中华人民共和国认证认可条例》等 6 部行政法规和《国务院对确需保留的行政审批项目设定行政许可的决定》（国务院令第 412 号公布，国务院令第 548 号、第 671 号修订）有关规定（见附件 2）。国务院有关部门和有关地方人民政府要根据法律、行政法规、国务院决定的调整情况，及时对本部门和本地区制定的规章、规范性文件作相应调整，建立与试点要求相适应的管理制度。对试点证明行之有效的改革举措，要及时推动有关法律、法规、规章的立改废释，固化改革成果。

五、切实抓好改革政策落实

（一）加强组织领导。国务院推进政府职能转变和“放管服”改革协调小组负责统筹领导全国“证照分离”改革全覆盖试点工作。国务院审改办、市场监管总局、司法部牵头负责具体协调推进改革，做好调查研究、政策解读、协调指导、法治保障、督促落实、总结评估等方面工作。商务部要指导各自由贸易试验区做好“证照分离”改革与对外开放政策的衔接。国务院有关部门要按照职责分工，聚焦企业关切，协调指导支持各自由贸易试验区妥善解决改革推进中遇到的困难和问题。各自由贸易试验区所在地省级人民政府对本地区改革试点工作负总责，要明确牵头部门，健全工作机制，强化责任分工，扎实推进改革。

（二）细化实施方案。国务院有关部门要制定实施方案，对中央层面设定的涉企经营许可事项逐项细化改革举措，明确加强事中事后监管的具体办法，压实监管责任。有关省级人民政府要组织制定本地区试点实施方案，明确地方层面设定的涉企经营许可事项的改革方式，细化改革试点落地措施。有关地区和部门实施方案应于 2019 年 11 月 30 日前向社会公布，并报国务院推进政府职能转变和“放管服”改革协调小组办公室备案。

（三）狠抓工作落实。有关地区和部门要健全激励约束机制和容错纠错机制，充分调动改革的积极性和主动性，以钉钉子精神全面抓好改革任务落实；要做好改革政策的工作培训和宣传解读，扩大政策知晓度，营造有利于改革的良好氛围；要密切跟踪改革试点进展，总结评估试点情况，及时完善政策举措，发现和推广典型经验，确保试点取得预期成效，不断提升企业获得感。

本通知实施中的重大问题，省级人民政府、国务院有关部门要及时向国务院请示报告。

附件：1. “证照分离”改革全覆盖试点事项清单（中央层面设定，2019 年版）（略）

2. 国务院决定在自由贸易试验区暂时调整适用有关行政法规、国务院决定规定目录（略）

国务院办公厅关于切实加强高标准农田建设提升国家粮食安全保障能力的意见

（2019年11月13日　国办发〔2019〕50号）

确保重要农产品特别是粮食供给，是实施乡村振兴战略的首要任务。建设高标准农田，是巩固和提高粮食生产能力、保障国家粮食安全的关键举措。近年来，各地各有关部门认真贯彻党中央、国务院决策部署，大力推进高标准农田建设，取得了明显成效。但我国农业基础设施薄弱、防灾抗灾减灾能力不强的状况尚未根本改变，粮食安全基础仍不稳固。为切实加强高标准农田建设，提升国家粮食安全保障能力，经国务院同意，现提出以下意见。

一、总体要求

（一）指导思想。以习近平新时代中国特色社会主义思想为指导，全面贯彻党的十九大和十九届二中、三中、四中全会精神，紧紧围绕实施乡村振兴战略，按照农业高质量发展要求，推动藏粮于地、藏粮于技，以提升粮食产能为首要目标，聚焦重点区域，统筹整合资金，加大投入力度，完善建设内容，加强建设管理，突出抓好耕地保护、地力提升和高效节水灌溉，大力推进高标准农田建设，加快补齐农业基础设施短板，提高水土资源利用效率，切实增强农田防灾抗灾减灾能力，为保障国家粮食安全提供坚实基础。

（二）基本原则。

夯实基础，确保产能。突出粮食和重要农产品优势区，着力完善农田基础设施，提升耕地质量，持续改善农业生产条件，稳步提高粮食生产能力，确保谷物基本自给、口粮绝对安全。

因地制宜，综合治理。严守生态保护红线，依据自然资源禀赋和国土空间、水资源利用等规划，根据各地农业生产特征，科学确定高标准农田建设布局、标准和内容，推进田水林路电综合配套。

依法严管，良田粮用。稳定农村土地承包关系，强化用途管控，实行最严格的保护措施，完善管护机制，确保长期发挥效益。建立健全激励和约束机制，支持高标准农田主要用于粮食生产。

政府主导，多元参与。切实落实地方政府责任，持续加大资金投入，积极引导社会力量开展农田建设。鼓励农民和农村集体经济组织自主筹资投劳，参与农田建设和运营管理。

（三）目标任务。到2020年，全国建成8亿亩集中连片、旱涝保收、节水高效、稳产高产、生态友好的高标准农田；到2022年，建成10亿亩高标准农田，以此稳定保障1万亿斤以上粮食产能；到2035年，通过持续改造提升，全国高标准农田保有量进一步提高，不断夯实国家粮食安全保障基础。

二、构建集中统一高效的管理新体制

（四）统一规划布局。开展高标准农田建设专项清查，全面摸清各地高标准农田数量、质量、分布和利用状况。结合国土空间、水资源利用等相关规划，修编全国高标准农田建设规划，形成国家、省、市、县四级农田建设规划体系，找准潜力区域，明确目标任务和建设布局，确定重大工程、重点项目和时序安排。把高效节水灌溉作为高标准农田建设重要内容，统筹规划，同步实施。在永久基本农田保护区、粮食生产功能区、重要农产品生产保护区，集中力量建设高标准农田。粮食主产区要立足打造粮食生产核心区，加快区域化整体推进高标准农田建设。粮食主销区和产销平衡区要加快建设一批高标准农田，保持粮食自给率。优先支持革命老区、贫困地区以及工作基础好的地区建设高标准农田。（农业农村部、国家发展改革委、财政部、自然资源部、水利部和地方各级人民政府按职责分工负责。以下均需地方各级人民政府负责，不再列出）

（五）统一建设标准。加快修订高标准农田建设通则，研究制定分区域、分类型的高标准农田建设标准及定额，健全耕地质量监测评价标准，构建农田建设标准体系。各省（区、市）可依据国家标准编制地方标准，因地制宜开展农田建设。完善高标准农田建设内容，统一规范工程建设、科技服务和建后管护等要求。综合考虑农业农村发展要求、市场价格变化等因素，适时调整建设内容和投资标准。在确保完成新增高标准农田建设任务的基础上，鼓励地方结合实际，对已建项目区进行改造提升。（农业农村部、国家发展改革委、财政部、水利部、国家标准委按职责分工负责）

（六）统一组织实施。及时分解落实高标准农田年度建设任务，同步发展高效节水灌溉。统筹整合各渠道农田建设资金，提升资金使用效益。规范开展项目前期准备、申报审批、招标投标、工程施工和监理、竣工验收、监督检查、移交管护等工作，实现农田建设项目集中统一高效管理。严格执行建设标准，确保建设质量。充分发挥农民主体作用，调动农民参与高标准农田建设积极性，尊重农民意愿，维护好农民权益。积极支持新型农业经营主体建设高标准农田，规范有序推进农业适度规模经营。（农业农村部、国家发展改革委、财政部、水利部按职责分工负责）

（七）统一验收考核。建立健全"定期调度、分析研判、通报约谈、奖优罚劣"的任务落实机制，确保年度建设任务如期保质保量完成。按照粮食安全省长责任制考核要求，进一步完善高标准农田建设评价制度。强化评价结果运用，对完成任务好的予以倾斜支持，对未完成任务的进行约谈处罚。严格按程序开展农田建设项目竣工验收和评价，向社会统一公示公告，接受社会和群众监督。（农业农村部、国家发展改革委、财政部、国家粮食和储备局按职责分工负责）

（八）统一上图入库。运用遥感监控等技术，建立农田管理大数据平台，以土地利用现状图为底图，全面承接高标准农田建设历史数据，统一标准规范、统一数据要求，把各级农田建设项目立项、实施、验收、使用等各阶段相关信息上图入库，建成全国农田建设"一张图"和监管系统，实现有据可查、全程监控、精准管理、资源共享。各地要加快完成高标准农田上图入库工作,有关部门要做好相关数据共享和对接移交等工作。(农业农村部牵头,国家发展改革委、财政部、自然资源部、水利部按职责分工负责)

三、强化资金投入和机制创新

(九)加强财政投入保障。建立健全农田建设投入稳定增长机制。各地要优化财政支出结构,将农田建设作为重点事项,根据高标准农田建设任务、标准和成本变化,合理保障财政资金投入。加大土地出让收入对高标准农田建设的支持力度。各地要按规定及时落实地方支出责任,省级财政应承担地方财政投入的主要支出责任。鼓励有条件的地区在国家确定的投资标准基础上,进一步加大地方财政投入,提高项目投资标准。(财政部、国家发展改革委、农业农村部按职责分工负责)

(十)创新投融资模式。发挥政府投入引导和撬动作用,采取投资补助、以奖代补、财政贴息等多种方式支持高标准农田建设。鼓励地方政府有序引导金融和社会资本投入高标准农田建设。在严格规范政府债务管理的同时,鼓励开发性、政策性金融机构结合职能定位和业务范围支持高标准农田建设,引导商业金融机构加大信贷投放力度。完善政银担合作机制,加强与信贷担保等政策衔接。鼓励地方政府在债务限额内发行债券支持符合条件的高标准农田建设。有条件的地方在债券发行完成前,对预算已安排债券资金的项目可先行调度库款开展建设,债券发行后及时归垫。加强国际合作与交流,探索利用国外贷款开展高标准农田建设。(财政部、中国人民银行、中国银保监会、农业农村部按职责分工负责)

(十一)完善新增耕地指标调剂收益使用机制。优化高标准农田建设新增耕地和新增产能的核定流程、核定办法。高标准农田建设新增耕地指标经核定后,及时纳入补充耕地指标库,在满足本区域耕地占补平衡需求的情况下,可用于跨区域耕地占补平衡调剂。加强新增耕地指标跨区域调剂统筹和收益调节分配,拓展高标准农田建设资金投入渠道。土地指标跨省域调剂收益要按规定用于增加高标准农田建设投入。各地要将省域内高标准农田建设新增耕地指标调剂收益优先用于农田建设再投入和债券偿还、贴息等。(财政部、自然资源部、农业农村部按职责分工负责)

(十二)加强示范引领。开展绿色农田建设示范,推动耕地质量保护提升、生态涵养、农业面源污染防治和田园生态改善有机融合,提升农田生态功能。选取一批土壤盐碱化、酸化、退化和工程性缺水等区域,针对农业生产存在的主要障碍因素,采取专项工程措施开展高标准农田建设,为相同类型区域高标准农田建设进行试验示范。在潜力大、基础条件好、积极性高的地区,推进高标准农田建设整县示范。(农业农村部、生态环境部按职责分工负责)

(十三)健全工程管护机制。结合农村集体产权制度和农业水价综合改革,建立健全高标准农田管护机制,明确管护主体,落实管护责任。各地要建立农田建设项目管护经费合理保障机制,调动受益主体管护积极性,确保建成的工程设施正常运行。将建后管护落实情况纳入年度高标准农田建设评价范围。(农业农村部、国家发展改革委、财政部、自然资源部、水利部按职责分工负责)

四、保障措施

(十四)加强组织领导。农田建设实行中央统筹、省负总责、市县抓落实、群众参与的工作机制。强化省级政府一把手负总责、分管领导直接负责的责任制,抓好规划实施、任务落实、资金保障、监督评价和运营管护等工作。农业农村部门要全面履行好农田建设集中统一管理职责,发展改革、财政、自然资源、水利、人民银行、银保监等相关部门按照职责分工,密切配合,做好规划指导、资金投入、新增耕地核定、水资源利用和管理、金融支持等工作,协同推进高标准农田建设。及时总结和推广好经验好做法,营造农田建设良好氛围。(农业农村部牵头,国家发展改革委、财政部、自然资源部、水利部、中国人民银行、中国银保监会按职责分工负责)

(十五)加大基础支撑。推进农田建设法规制度建设,制定完善项目管理、资金管理、监督评估和监测评价等办法。加强农田建设管理和技术服务体系队伍建设，重点配强县乡两级工作力量，与当地高标准农田建设任务相适应。围绕农田建设关键技术问题，开展科学研究，组织科技攻关。大力引进推广高标准农田建设先进实用技术，加强工程建设与农机农艺技术的集成和应用，推动科技创新与成果转化。加强农田建设行业管理服务，加大相关技术培训力度，提升农田建设管理技术水平。（农业农村部、国家发展改革委、科技部、财政部、水利部按职责分工负责）

（十六）严格保护利用。对建成的高标准农田，要划为永久基本农田，实行特殊保护，防止“非农化”，任何单位和个人不得损毁、擅自占用或改变用途。严格耕地占用审批，经依法批准占用高标准农田的，要及时补充，确保高标准农田数量不减少、质量不降低。对水毁等自然损毁的高标准农田，要纳入年度建设任务，及时进行修复或补充。完善粮食主产区利益补偿机制和种粮激励政策，引导高标准农田集中用于重要农产品特别是粮食生产。探索合理耕作制度，实行用地养地相结合，加强后续培肥，防止地力下降。严禁将不达标污水排入农田，严禁将生活垃圾、工业废弃物等倾倒、排放、堆存到农田。（农业农村部、自然资源部、国家发展改革委、财政部、生态环境部按职责分工负责）

（十七）加强风险防控。树立良好作风，强化廉政建设，严肃工作纪律，切实防范农田建设管理风险。加强对农田建设资金全过程绩效管理，科学设定绩效目标，做好绩效运行监控和评价，强化结果应用。加强工作指导，对发现的问题及时督促整改。严格跟踪问责，对履职不力、监管不严、失职渎职的，依法依规追究有关人员责任。（农业农村部、国家发展改革委、财政部按职责分工负责）

国务院关于加强固定资产投资项目资本金管理的通知

（2019年11月20日　国发〔2019〕26号）

对固定资产投资项目（以下简称投资项目）实行资本金制度，合理确定并适时调整资本金比例，是促进有效投资、防范风险的重要政策工具，是深化投融资体制改革、优化投资供给结构的重要手段。为更好发挥投资项目资本金制度的作用，做到有保有控、区别对待，促进有效投资和风险防范紧密结合、协同推进，现就加强投资项目资本金管理工作通知如下：

一、进一步完善投资项目资本金制度

（一）明确投资项目资本金制度的适用范围和性质。该制度适用于我国境内的企业投资项目和政府投资的经营性项目。投资项目资本金作为项目总投资中由投资者认缴的出资额，对投资项目来说必须是非债务性资金，项目法人不承担这部分资金的任何债务和利息；投资者可按其出资比例依法享有所有者权益，也可转让其出资，但不得以任何方式抽回。党中央、国务院另有规定的除外。

（二）分类实施投资项目资本金核算管理。设立独立法人的投资项目，其所有者权益可以全部作为投资项目资本金。对未设立独立法人的投资项目，项目单位应设立专门账户，规范设置和使用会计科目，按照国家有关财务制度、会计制度对拨入的资金和投资项目的资产、负债进行独立核算，并据此核定投资项目资本金的额度和比例。

（三）按照投资项目性质，规范确定资本金比例。适用资本金制度的投资项目，属于政府投资项目的，有关部门在审批可行性研究报告时要对投资项目资本金筹措方式和有关资金来源证明文件的合规性进行审查,并在批准文件中就投资项目资本金比例、筹措方式予以确认;属于企业投资项目的,提供融资服务的有关金融机构要加强对投资项目资本金来源、比例、到位情况的审查监督。

二、适当调整基础设施项目最低资本金比例

(四)港口、沿海及内河航运项目,项目最低资本金比例由25%调整为20%。

(五)机场项目最低资本金比例维持25%不变,其他基础设施项目维持20%不变。其中,公路(含政府收费公路)、铁路、城建、物流、生态环保、社会民生等领域的补短板基础设施项目,在投资回报机制明确、收益可靠、风险可控的前提下,可以适当降低项目最低资本金比例,但下调不得超过5个百分点。实行审批制的项目,审批部门可以明确项目单位按此规定合理确定的投资项目资本金比例。实行核准或备案制的项目,项目单位与金融机构可以按此规定自主调整投资项目资本金比例。

(六)法律、行政法规和国务院对有关投资项目资本金比例另有规定的,从其规定。

三、鼓励依法依规筹措重大投资项目资本金

(七)对基础设施领域和国家鼓励发展的行业,鼓励项目法人和项目投资方通过发行权益型、股权类金融工具,多渠道规范筹措投资项目资本金。

(八)通过发行金融工具等方式筹措的各类资金,按照国家统一的会计制度应当分类为权益工具的,可以认定为投资项目资本金,但不得超过资本金总额的50%。存在下列情形之一的,不得认定为投资项目资本金:

1. 存在本息回购承诺、兜底保障等收益附加条件;

2. 当期债务性资金偿还前,可以分红或取得收益;

3. 在清算时受偿顺序优先于其他债务性资金。

(九)地方各级政府及其有关部门可统筹使用本级预算资金、

上级补助资金等各类财政资金筹集项目资本金，可按有关规定将政府专项债券作为符合条件的重大项目资本金。

四、严格规范管理，加强风险防范

（十）项目借贷资金和不符合国家规定的股东借款、“名股实债”等资金，不得作为投资项目资本金。筹措投资项目资本金，不得违规增加地方政府隐性债务，不得违反国家关于国有企业资产负债率相关要求。不得拖欠工程款。

（十一）金融机构在认定投资项目资本金时，应严格区分投资项目与项目投资方，依据不同的资金来源与投资项目的权责关系判定其权益或债务属性，对资本金的真实性、合规性和投资收益、贷款风险进行全面审查，并自主决定是否发放贷款以及贷款数量和比例。项目单位应当配合金融机构开展投资项目资本金审查工作，提供有关资本金真实性和资金来源的证明材料，并对证明材料的真实性负责。

（十二）自本通知印发之日起，凡尚未经有关部门审批可行性研究报告、核准项目申请报告、办理备案手续的投资项目，均按本通知执行。已经办理相关手续、尚未开工、金融机构尚未发放贷款的投资项目，可以按本通知调整资金筹措方案，并重新办理审批、核准或备案手续。已与金融机构签订相关贷款合同的投资项目，可按照原合同执行。

国务院部门规章

核动力厂、研究堆、核燃料循环设施安全许可程序规定

（2019 年 8 月 26 日生态环境部令第 8 号公布　自 2019 年 10 月 1 日起施行　国司备字[2019000922]）

第一章　总　　则

第一条　为规范民用核动力厂、研究堆、核燃料循环设施等核设施安全许可活动，根据《中华人民共和国核安全法》《中华人民共和国行政许可法》《中华人民共和国民用核设施安全监督管理条例》，制定本规定。

第二条　在中华人民共和国领域及管辖的其他海域内，民用核动力厂、研究堆、核燃料循环设施（以下统称核设施）的选址、建造、运行、退役等安全许可事项的许可程序，适用本规定。

核设施转让、变更营运单位和迁移等活动的审查批准，适用本规定。

第三条　核动力厂、研究堆、核燃料循环设施，是指：

（一）核电厂、核热电厂、核供汽供热厂等核动力厂及装置；

（二）核动力厂以外的研究堆、实验堆、临界装置等其他反应堆（以下统称研究堆），根据潜在危害由大到小可划分为Ⅰ类、Ⅱ类、Ⅲ类研究堆；

（三）核燃料生产、加工、贮存和后处理设施等核燃料循环设施。

核设施配套建设的放射性废物处理、贮存设施的安全许可，应当在主体核设施的安全许可中一并办理许可手续。

第四条 核设施营运单位申请核设施安全许可，以及办理核设施安全许可的变更、延续，应当依照本规定，报国家核安全局审查批准。

第二章 申请与受理

第五条 核设施营运单位，应当具备保障核设施安全运行的能力，并符合下列条件：

（一）有满足核安全要求的组织管理体系和质量保证、安全管理、岗位责任等制度；

（二）有规定数量、合格的专业技术人员和管理人员；

（三）具备与核设施安全相适应的安全评价、资源配置和财务能力；

（四）具备必要的核安全技术支撑和持续改进能力；

（五）具备应急响应能力和核损害赔偿财务保障能力；

（六）法律、行政法规规定的其他条件。

第六条 核设施营运单位应当按照有关核设施场址选择的要求完成核设施场址的安全评估论证，并在满足核安全技术评价要求的前提下，向国家核安全局提交核设施场址选择审查申请书和核设施选址安全分析报告，经审查符合核安全要求后，取得核设施场址选择审查意见书。

第七条 核设施建造前，核设施营运单位应当向国家核安全局提出建造申请，并提交下列材料：

（一）核设施建造申请书；

（二）初步安全分析报告；

（三）环境影响评价文件；

（四）质量保证文件；

（五）法律、行政法规规定的其他材料。

核设施营运单位取得核设施建造许可证后，方可开始与核设施安全有关的重要构筑物的建造（安装）或者基础混凝土的浇筑，并按照核设施建造许可证规定的范围和条件从事相关的建造活动。

核设施营运单位在提交核设施建造申请书时，本条第一款规定的初步安全分析报告中关于调试大纲的内容不具备提交条件的，可以在征得国家核安全局同意后，由核设施营运单位根据核设施建造进展情况，按照国家核安全局的要求补充提交。

核设施建造许可证的有效期不得超过十年。

第八条 有下列情形之一的，核设施营运单位可以一并向国家核安全局提交核设施场址选择审查申请书和核设施建造申请书。国家核安全局在核发核设施建造许可证的同时出具核设施场址选择审查意见书：

（一）新选场址拟建核设施为Ⅲ类研究堆的；

（二）在现有场址新建研究堆，若新建研究堆对场址的安全要求不高于该场址已有核设施，且该场址已经过安全技术评价并得到国家核安全局的批准的；

（三）在现有核燃料生产基地内建设核燃料循环前端设施（铀纯化转化、铀浓缩和元件制造设施）的；

（四）由工厂制造或者总装、并在工厂内完成首次装料和调试的浮动式或者移动式核动力装置，其场址已经过安全评价并得到国家核安全局的批准的。

第九条 核设施首次装投料前，核设施营运单位应当向国家核安全局提出运行申请，并提交下列材料：

（一）核设施运行申请书；

（二）最终安全分析报告；

（三）质量保证文件；

（四）应急预案；

（五）法律、行政法规规定的其他材料。

核设施营运单位取得核设施运行许可证后，方可装投料，并应当按照核设施运行许可证规定的范围和条件进行装投料，以及装投料后的调试和运行等活动。

第十条 核设施营运单位在提交核设施运行申请书时，本规定第九条规定的最终安全分析报告中下列章节或者内容不具备提交条件的，可以在征得国家核安全局同意后，由核设施营运单位根据核设施建造调试进展情况，按照国家核安全局的要求向国家核安全局补充提交：

（一）维修大纲（不适用Ⅲ类研究堆及核燃料循环设施）；

（二）在役检查大纲（不适用Ⅲ类研究堆及核燃料循环设施）；

（三）装换料大纲（不适用Ⅲ类研究堆及核燃料循环设施）；

（四）役前检查结果报告（不适用Ⅲ类研究堆及核燃料循环设施）；

（五）实验和应用大纲（不适用研究堆之外的核设施）；

（六）核设施装投料前调试报告。

第十一条 核设施营运单位取得核设施运行许可证后，应当按照许可证规定的范围和条件运行核设施。

核设施营运单位应当按照批准的调试大纲所确定的顺序、方法等要求完成调试试验项目。核设施营运单位应当在调试大纲确定的所有调试试验项目完成后两个月内，向国家核安全局提交调试报告。

国家核安全局对核设施首次装投料以及装投料后的重要调试活动，可以设置控制点，并在运行许可文件中载明。

第十二条 核设施运行许可证的有效期为设计寿期。

运行许可证有效期内，核设施营运单位应当按照要求对核设施进行定期安全评价，评价周期根据核设施具体情况和核安全法规和标准的变化情况确定，一般为十年。评价结果应当提交国家核安全局审查。

第十三条 用于科学研究的核燃料循环设施，根据设施潜在风险和复杂程度，核设施营运单位可以向国家核安全局申请合并办理核设施安全许可事项。

第十四条 拟转让核设施的，核设施拟受让单位应当符合本规定第五条规定的条件，并重新申请核设施安全许可。

前款规定的核设施安全许可申请，由持有核设施安全许可证的核设施营运单位和核设施拟受让单位共同向国家核安全局提出申请，并提交以下材料：

（一）转让核设施的申请书；

（二）核设施拟受让单位质量保证文件；

（三）核设施拟受让单位应急预案；

（四）其他需要申明的事项。

拟变更核设施营运单位的，依照本条第一款、第二款的规定执行。

第十五条 国家核安全局审查认可转让核设施或者变更核设施营运单位的，向核设施的受让单位或者变更后的核设施营运单位重新颁发核设施安全许可证，并同时注销原核设施安全许可证。

核设施的受让单位或者变更后的核设施营运单位，应当继承原核设施营运单位在核设施安全管理方面的全部义务，并遵守原核设施营运单位在申请原核设施安全许可证时所作的全部承诺，但经核设施的受让单位和变更后的核设施营运单位申请并得到国家核安全局审查认可免除的义务和承诺除外。

第十六条 迁移核设施的，核设施营运单位应当向国家核安全局提出申请，并提交下列材料：

（一）核设施迁移申请书；

（二）新场址的选址安全分析报告；

（三）新场址的环境影响报告书；

（四）新场址的应急预案；

（五）核设施迁移活动的质量保证文件；

（六）核设施安全分析报告相关内容的修订文件；

（七）法律、行政法规规定的其他材料。

迁移核设施的申请取得国家核安全局批准后，核设施营运单位方可开始进行核设施迁移活动。

核设施迁移过程中存在核设施转让或者变更核设施营运单位情形的，适用本规定第十四条、第十五条的有关规定。

第十七条 核设施终止运行后，核设施营运单位应当制定停闭期间的安全管理措施，采取安全的方式进行停闭管理，保证停闭期间的安全，确保退役所需的基本功能、技术人员和文件，并接受国家核安全局的监督检查。

第十八条 核设施退役前，核设施营运单位应当向国家核安全局提出退役申请，并提交下列材料：

（一）核设施退役申请书；

（二）退役安全分析报告；

（三）环境影响评价文件；

（四）质量保证文件；

（五）法律、行政法规规定的其他材料。

国家核安全局向核设施营运单位颁发退役批准书。核设施营运单位应当按照退役批准书的内容开展退役活动。

第十九条 国家核安全局按照规定对核设施安全许可申请材料进行形式审查，申请材料不齐全或者不符合法定形式的，在五个工作日内一次告知申请单位需要补正的全部内容。对于申请材料齐全、符合法定形式，或者申请单位按照要求提交全部补正申请材料的，应当受理核设施安全许可申请。

国家核安全局受理或者不予受理核设施安全许可申请，应当出具书面凭证；需要对核设施安全许可申请组织技术审查的，应当一并告知申请单位技术审查的流程、计划节点和预计的技术审查时间。

第二十条 核设施营运单位对核设施安全许可申请材料的真

实性、准确性负责。核设施安全许可申请材料的格式和编写内容及形式，应当符合如下规定：

（一）格式和内容满足国家核安全局相应的要求；

（二）应当具有总目录；对篇幅较长的，应当有分卷目录；

（三）所有文字、图纸和图表应当清晰，不使用放大设备能直接阅读；

（四）对所使用的图例、符号应当给予说明；

（五）涉及国家秘密、商业秘密和个人信息的内容应当予以注明。

第三章　审查与决定

第二十一条　国家核安全局依照法定条件和程序，对核设施安全许可申请组织安全技术审查。

技术审查内容包括申请材料与法规标准的符合情况、分析计算结果复核、试验结果审核等。

技术审查流程包括文件审查、校核计算、试验验证、技术交流和专家咨询等。

国家核安全局根据核设施的种类和复杂程度，对技术审查时间作出适当的安排。核设施营运单位应当按照国家核安全局的要求答复国家核安全局在技术审查中提出的问题，必要时补充相关文件资料予以说明。

技术审查时间不计入作出核设施安全许可的期限。

第二十二条　国家核安全局组织安全技术审查时，应当委托与许可申请单位没有利益关系的技术支持单位进行审评。受委托的技术支持单位应当对其技术评价结论的真实性、准确性负责。

国家核安全局在进行核设施重大安全问题技术决策时，应当咨询核安全专家委员会的意见。

第二十三条　国家核安全局对满足核安全要求的核设施安全

许可申请,在技术审查完成之日起二十个工作日内,依法作出准予许可的决定,予以公告;对不满足核安全要求的,应当书面通知申请单位并说明理由。

国家核安全局审批核设施建造、运行许可申请以及核设施转让或者变更核设施营运单位申请时,应当向国务院有关部门和核设施所在地省、自治区、直辖市人民政府征询意见。

国家核安全局审批核设施迁移申请时,应当向国务院有关部门以及核设施迁出地、迁入地的省、自治区、直辖市人民政府征询意见。

第二十四条 核设施安全许可证件应当载明下列内容:

(一)核设施安全许可的单位名称、注册地址和法定代表人;

(二)核设施的名称和所在地址;

(三)准予从事的核设施安全许可活动范围和条件;

(四)有效期限;

(五)发证机关、发证日期和证书编号。

第二十五条 在核设施运行许可证的有效期内,国家核安全局可以根据法律、行政法规和新的核安全标准的要求,对许可证规定的事项作出合理调整。

第二十六条 国家核安全局依法公开核设施安全许可文件。涉及国家秘密、商业秘密和个人信息的,按照国家有关规定执行。

第四章 变更与延续

第二十七条 核设施营运单位变更单位名称、注册地址和法定代表人的,应当自变更之日起二十个工作日内,向国家核安全局办理许可证变更手续。

第二十八条 核设施建造许可证有效期届满,尚未建造完成的,核设施营运单位应当在核设施建造许可证有效期届满三十日前向国家核安全局办理延期手续,经国家核安全局审查批准后方可继续建造活动。有下列情形之一且经评估不存在安全风险的，无需办理延期审批手续，核设施营运单位应当将安全风险评估报告提交国家核安全局备案：

（一）国家政策或者行为导致核设施延期建造；

（二）用于科学研究的核设施；

（三）用于工程示范的核设施；

（四）用于乏燃料后处理的核设施。

第二十九条 核设施营运单位调整下列事项的，应当报国家核安全局批准：

（一）作为颁发运行许可证依据的重要构筑物、系统和设备；

（二）运行限值和条件；

（三）国家核安全局批准的与核安全有关的程序和其他文件。

第三十条 对在运行许可证有效期内长期不启动运行的核设施，需要改变原有运行限值和条件或者其他安全管理措施的，核设施营运单位应当制定长期停堆（运）计划和相应的管理措施，并依据本规定第二十九条的有关规定，报国家核安全局批准。

实施长期停堆（运）管理的核设施如需恢复正常运行的，应当依据本规定第二十九条的有关规定，报国家核安全局批准。

第三十一条 核设施运行许可证有效期届满需要继续运行的，核设施营运单位应当对核设施是否符合核安全标准进行论证、验证。满足核安全标准要求的，应当于许可证有效期届满前五年，向国家核安全局提出运行许可证有效期延续申请，并提交下列材料：

（一）核设施运行许可证有效期延续申请书；

（二）核设施运行许可证有效期延续的安全论证、验证报告，以及老化管理大纲、修订的环境影响评价文件、核安全相关的工程改进措施和计划等与核设施安全论证、验证相关的材料；

（三）增补或者修改的最终安全分析报告；

（四）法律、行政法规规定的其他材料。

核设施运行许可证有效期届满，运行许可证有效期延续申请经国家核安全局审查批准后，核设施方可继续运行。未获得国家核安全局批准的，核设施不得继续运行。

第三十二条 核设施运行许可证有效期延续的期限按照核设施的实际状态和安全评估情况确定，但每次不超过二十年。

第五章 附 则

第三十三条 本规定有关的术语定义为：

研究堆：核动力厂以外的研究堆、实验堆、临界装置以及由外源驱动带功率运行的次临界系统等核设施或装置的统称，包括反应堆堆芯、辐照孔道、考验回路等实验装置，以及为支持其运行、保证安全和辐射防护的目的所设置的所有系统和构筑物，还包括燃料贮存、放射性废物贮存、放射性热室、实物保护系统等反应堆场址内与反应堆或实验装置有关的一切其它设施。

Ⅰ类研究堆：功率、剩余反应性和裂变产物总量都较高的研究堆，热功率范围10MW～300MW。这类研究堆一般在强迫循环下运行，通常必须设置高度可靠的停堆系统，需要设置应急冷却系统以保证堆芯余热的有效排出；对反应堆厂房或者其他包容结构需要有特殊的密封要求。

Ⅱ类研究堆：功率、剩余反应性和裂变产物总量属于中等的研究堆，热功率范围500KW～10MW。这类研究堆可采用自然对流冷却方式或强迫循环冷却方式排出热量；反应堆需要设置可靠的停堆系统，停堆后必须保证堆芯在要求的时间内得到冷却，对反应堆厂房无特殊密封性要求。

Ⅲ类研究堆：功率低、剩余反应性小、停堆余热极少、裂变产物总量有限的研究堆，其热功率小于500KW，如果具有较高的固有安全特性，热功率范围可扩展至1MW。这类研究堆通常无特殊的冷却要求，或通过冷却剂自然对流冷却即可排出热量；利用负反馈效应或简单的停堆手段即可使反应堆停堆并保持安全状态;对反应堆厂房无密封要求。

核设施迁移:是指将核设施由一个场址搬迁至一个新的场址。

安全重要构筑物:是指具有安全要求并执行核安全功能的构筑物,包括其失效可能导致核设施安全水平的降低或者事故,以及用以缓解事故可能引起的辐射照射后果的构筑物。

长期停堆(运):是指核设施运行期间一种较长时间的停堆(运)状态。在此状态下,核设施处于卸料状态,或处于深度次临界状态且无需采取冷却措施,核设施不必采取与正常运行要求完全一致的监测、试验、维护和检查等措施。

第三十四条 本规定自2019年10月1日起施行。1993年12月31日国家核安全局发布的《核电厂安全许可证件的申请和颁发》、2006年1月28日国家核安全局发布的《研究堆安全许可证件的申请和颁发规定》同时废止。

附表一

核设施场址选择审查申请书(样表)	
申请单位名称	
统一社会信用代码	
法定代表人姓名 电话(传真)	职务
注册地址	邮政编码
拟建核设施名称	
拟建核设施类型和数量	
设计功率(热、电)/生产能力	
场址所在地	

附件:1. 营运单位营业执照或登记证书复印件

2. 法定代表人身份证件复印件

法定代表人保证:

本申请书及提交的文件内容真实有效,否则愿承担法律责任。

法定代表人签字

(申请单位公章)

年　　月　　日

附表二

<table>
<tr><th colspan="3">核设施建造申请书(样表)</th></tr>
<tr><td>营运单位名称</td><td colspan="2"></td></tr>
<tr><td>统一社会信用代码</td><td colspan="2"></td></tr>
<tr><td colspan="2">注册地址</td><td>邮政编码</td></tr>
<tr><td colspan="2">法定代表人姓名
电话(传真)</td><td>职务</td></tr>
<tr><td colspan="2">核设施名称</td><td>编号</td></tr>
<tr><td rowspan="2">核设施类型和数量</td><td colspan="2">主体设施</td></tr>
<tr><td colspan="2">配套设施</td></tr>
<tr><td>使用目的</td><td colspan="2"></td></tr>
<tr><td>设计功率(热、电)/生产能力</td><td colspan="2"></td></tr>
<tr><td>核设施所在地</td><td colspan="2"></td></tr>
<tr><td>预计开工时间</td><td colspan="2"></td></tr>
<tr><td colspan="3">附件:1. 营运单位营业执照或登记证书复印件
2. 法定代表人身份证件复印件</td></tr>
<tr><td colspan="3">法定代表人保证:
本申请书及提交的文件内容真实有效,否则愿承担法律责任。

法定代表人签字

(营运单位公章)

年 月 日</td></tr>
</table>

附表三

核设施运行申请书(样表)		
营运单位名称		
统一社会信用代码		
注册地址	邮政编码	
法定代表人姓名 电话(传真)	职务	
核设施名称	编号	
核设施类型和数量	主体设施	
	配套设施	
使用目的		
设计功率(热、电)/生产能力		
核设施所在地		
预计首次装(投)料时间		
设计寿期		
附件:1. 营运单位营业执照或登记证书复印件 2. 法定代表人身份证件复印件		
法定代表人保证: 本申请书及提交的文件内容真实有效,否则愿承担法律责任。 法定代表人签字 (营运单位公章) 年 月 日		

附表四

核设施运行许可证有效期延续申请书(样表)	
营运单位名称	
统一社会信用代码	
注册地址	邮政编码
法定代表人姓名 电话(传真)	职务
核设施名称	编号
核设施类型和数量	主体设施
	配套设施
使用目的	
设计功率(热、电)/生产能力	
原运行许可证编号	
申请延续期限	
附件:1. 营运单位营业执照或登记证书复印件 2. 法定代表人身份证件复印件	
法定代表人保证: 本申请书及提交的文件内容真实有效,否则愿承担法律责任。 法定代表人签字 (营运单位公章) 年 月 日	

附表五

<table>
<tr><th colspan="3">核设施转让(变更营运单位)申请书(样表)</th></tr>
<tr><td colspan="2">核设施受让单位(拟变更营运单位)</td><td></td></tr>
<tr><td colspan="2">统一社会信用代码</td><td></td></tr>
<tr><td colspan="2">注册地址:</td><td>邮政编码</td></tr>
<tr><td colspan="2">法定代表人姓名
电话(传真)</td><td>职务</td></tr>
<tr><td colspan="2">核设施出让单位(原营运单位)</td><td></td></tr>
<tr><td colspan="2">统一社会信用代码</td><td></td></tr>
<tr><td colspan="2">注册地址</td><td>邮政编码</td></tr>
<tr><td colspan="2">法定代表人姓名
电话(传真)</td><td>职务</td></tr>
<tr><td colspan="2">核设施名称</td><td>编号</td></tr>
<tr><td rowspan="2">核设施类型和数量</td><td colspan="2">主体设施</td></tr>
<tr><td colspan="2">配套设施</td></tr>
<tr><td colspan="2">核设施原许可证件名称</td><td>编号</td></tr>
<tr><td colspan="3">核设施所在地</td></tr>
<tr><td colspan="3">附件:1. 核设施受让单位(拟变更营运单位)营业执照或登记证书复印件
2. 核设施受让单位(拟变更营运单位)法定代表人身份证件复印件
3. 核设施出让单位(原营运单位)营业执照或登记证书复印件
4. 核设施出让单位(原营运单位)法定代表人身份证件复印件</td></tr>
<tr><td colspan="2">受让单位(拟变更营运单位)
法定代表人签字
(公章)
年　月　日</td><td>核设施出让单位(原营运单位)
法定代表人签字
(公章)
年　月　日</td></tr>
</table>

附表六

核设施迁移申请书(样表)		
营运单位名称		
统一社会信用代码		
注册地址	邮政编码	
法定代表人姓名 电话(传真)	职务	
核设施名称	编号	
核设施类型和数量	主体设施	
	配套设施	
核设施功率(热、电)/生产能力		
是否变更营运单位		
核设施所在地		
拟迁往场址所在地		
附件:1. 营运单位营业执照或登记证书复印件 2. 法定代表人身份证件复印件		
法定代表人保证: 本申请书及提交的文件内容真实有效,否则愿承担法律责任。 法定代表人签字 (营运单位公章) 年 月 日		

附表七

核设施退役申请书(样表)		
营运单位名称		
统一社会信用代码		
注册地址	邮政编码	
法定代表人姓名 电话(传真)	职务	
核设施名称	编号	
核设施类型和数量	主体设施	
	配套设施	
核设施所在地		
退役范围		
退役目标		
预计开始退役日期		
预计退役完成日期		
附件:1. 营运单位营业执照或登记证书复印件 2. 法定代表人身份证件复印件		
法定代表人保证: 本申请书及提交的文件内容真实有效,否则愿承担法律责任。 法定代表人签字 (营运单位公章) 年 月 日		

农作物种子质量检验机构考核管理办法

（2019年8月27日农业农村部令2019年第3号公布
自2019年10月1日起施行　国司备字[2019000955]）

第一章　总　　则

第一条　为了加强农作物种子质量检验机构（以下简称“种子检验机构”）管理，规范种子检验机构考核工作，保证检验能力，根据《中华人民共和国种子法》，制定本办法。

第二条　本办法所称考核，是指省级人民政府农业农村主管部门（以下简称“考核机关”）依据有关法律、法规、标准和技术规范的规定，对种子检验机构的检测条件、能力等资质进行考评和核准的活动。

第三条　从事下列活动的种子检验机构，应当经过考核合格：

（一）为行政机关作出的行政决定、司法机关作出的裁判、仲裁机构作出的仲裁裁决等出具有证明作用的数据、结果的；

（二）为社会经济活动出具有证明作用的数据、结果的；

（三）其他依法应当经过考核合格的。

第四条　省级人民政府农业农村主管部门负责本行政区域内种子检验机构的考核、监管、技术指导等工作。

农业农村部负责制定种子检验机构考核相关标准，监督、指导考核工作。具体工作由全国农业技术推广服务中心承担。

第五条　种子检验机构考核应当遵循统一规范、客观公正、科学准确、公开透明的原则，采取文件审查、现场评审和能力验证相结合的方式，实行考核要求、考核程序、证书标志、监督管理统一的制度。

种子检验机构考核的申请、受理、公示、证书打印等通过中国种业大数据平台办理。

第二章　申请与受理

第六条　申请考核的种子检验机构应当具备下列条件：

（一）依法成立并能够承担相应法律责任的法人或者其他组织；

（二）具有与其从事检验活动相适应的检验技术人员和管理人员；

（三）具有不少于 100 平方米的固定工作场所，工作环境满足检验要求；

（四）具备与申请检验活动相匹配的检验设备设施；

（五）具有有效运行且保证其检验活动独立、公正、科学、诚信的管理体系；

（六）符合有关法律法规或者标准、技术规范规定的特殊要求。

第七条　申请种子检验机构考核的，应当向考核机关提交下列材料，并对所提交材料的真实性负责：

（一）申请书（按附录 A 格式填写）；

（二）满足检验能力所需办公场所、仪器设备等说明材料；

（三）检验技术人员和管理人员数量与基本情况说明材料；

（四）质量管理体系文件，包括质量手册、程序文件、作业指导书等材料；

（五）检验报告 2 份（按附录 B 要求制作）。

第八条　办公场所、仪器说明材料包括场所面积、结构，仪器名称、数量、型号、功能等。

人员说明材料主要包括人员数量、姓名及接受教育程度和工作经历。

第九条　质量手册包括以下内容：

（一）种子检验机构负责人对手册发布的声明及签名；

（二）公正性声明、质量方针声明；

（三）种子检验机构概况、范围、术语定义、组织机构；

（四）资源管理、检验实施和质量管理及其支持性程序等。

第十条 程序文件是质量手册的支持性文件，包括以下内容：

（一）公正性和保密程序；

（二）人员培训管理程序；

（三）仪器设备管理维护程序；

（四）仪器设备和标准物质检定校准确认程序；

（五）合同评审、外部服务和供应管理程序；

（六）样品管理程序；

（七）数据保护程序、检验报告和 CASL（中国合格种子检验机构，China Accredited Seed Laboratory）标志使用管理程序；

（八）文件控制程序；

（九）记录控制和质量控制程序；

（十）内部审核、申诉投诉处理、不符合工作控制、纠正和预防措施控制、管理评审等程序。

第十一条 作业指导书包括扦取和制备样品的工作规范、使用仪器设备的操作规程、指导检验过程及数据处理的方法细则等。

第十二条 考核机关对申请人提出的申请材料，应当根据下列情况分别作出处理：

（一）申请材料不齐全或者不符合法定形式的，当场或在 5 个工作日内一次告知申请人需要补正的全部内容，逾期不告知的，自收到申请材料之日起即为受理，业务办理系统中将自动显示为受理状态；

（二）申请材料存在可以更正的错误的，允许申请人即时更正；

（三）申请材料齐全、符合法定形式，或者申请人按照要求提交全部补正材料的，予以受理。

第三章 考 核

第十三条 考核机关受理申请后应当组织考核，进行能力验证和现场考评。

能力验证时间由考核机关和申请人商定。能力验证合格后，考核机关应当及时组织现场考评。

第十四条 能力验证采取比对试验法,应根据申请检验项目的范围设计。

能力验证的样品由考核机关组织制备,制备应按照已实施标准或规范性文件要求执行。

申请人应当在规定时间内完成项目检验,并报送检验结果。

第十五条 考核机关应当建立考评专家库。

考评专家可以从全国范围内遴选,应当具备副高以上专业技术职称或四级主任科员以上职级,从事种子检验或管理工作 5 年以上,熟悉考核程序和技术规范。

第十六条 考核机关应当从考评专家库中抽取不少于3 名专家组成专家组,并指定考评组组长。

考评专家组实行组长负责制,对种子检验机构开展现场考评,制作考评报告。

第十七条 现场考评应当包括以下内容:

(一)质量管理体系文件、能力验证结果、检验报告的规范性和准确性;

(二)办公场所、检验场所和仪器设备设施条件;

(三)废弃物处理情况;

(四)检验操作情况。

第十八条 质量管理体系文件、检验报告应当完整、真实、有效、适宜,符合相关标准或规程。

检验报告和能力验证的结果应当准确。

第十九条 办公场所应满足开展检测工作的基本需求。

检验场所应当有预防超常温度、湿度、灰尘、电磁干扰或其它超常情况发生的保护措施;有关规定对环境控制条件有要求的,应当安装适宜的设备进行监测、控制和记录。

第二十条 仪器设备、电气线路和管道布局应当合理,符合安全要求。

互有影响或者互不相容的区域应当进行有效隔离。需要限制活动的区域应明确标示。

第二十一条 仪器设备应当满足扦样、样品制备、检验、贮存、数据处理与分析等工作需要,有完善的管理程序和档案,重要设备由专人管理;用于检验的仪器设备,还应当达到规定的准确度和规范要求。

仪器设备档案应当包括以下内容:

(一)仪器设备名称,制造商名称、型号和编号或者其他唯一性标识、放置地点;

(二)接收、启用日期和验收记录;

(三)制造商提供的资料或者使用说明书;

(四)历次检定、校准报告和确认记录;

(五)使用和维护记录;

(六)仪器设备损坏、故障、改装或者修理记录。

第二十二条 标准样品、标准溶液等标准物质的质量应当稳定,有安全运输、存放、使用、处置的规范程序和防止污染、损坏的措施。

危害性废弃物管理、处理应当符合国家有关规定。

第二十三条 检验操作程序、数据处理应当符合有关国家标准、行业标准或规范性文件规定。

第二十四条 考评专家组在现场考评中发现有不符合考评要求的,应当书面通知申请人限期整改,整改期限不得超过 30 个工作日。逾期未按要求整改,或整改后仍不符合要求的,相应的考评项目应当判定为不合格。

第二十五条 考评专家组应当在考核结束后 2 个工作日内出具考核报告。考核报告经专家组成员半数以上通过并由专家组全体成员签字后生效。对考核报告有不同意见的,应当予以注明。

第二十六条 考核机关应当自受理申请之日起20个工作日内完成考核,申请人整改和能力验证时间不计算在内。能力验证时间不得超过45个工作日。

第四章 审查与决定

第二十七条 考核机关根据考核报告结论作出考核决定。对符合要求的,考核机关应当在中国种业大数据平台公示考核结果,公示时间不得少于7个工作日;经公示无异议的或异议已得到妥善处理的,考核机关应颁发种子检验机构合格证书。对不符合要求的,书面通知申请人并说明理由。

第二十八条 合格证书有效期为6年。合格证书应当载明机构名称、证书编号、检验范围、有效期限、考核机关。

证书编号格式为"X中种检字XXXX第XXX号",其中"X"为省、自治区、直辖市简称,"XXXX"为年号,"XXX"为证书序号。

检验范围应当包括检验项目、检验内容、适用范围等内容。

第二十九条 考核合格的种子检验机构,由考核机关予以公告。

第五章 变更与延续

第三十条 有下列情形之一的,种子检验机构应当向考核机关申请办理变更手续:

(一)机构名称或地址发生变更的;

(二)检验范围发生变化的;

(三)依法需要办理变更的其他事项。

机构名称或地址发生变更的,当场办理变更手续。

第三十一条 种子检验机构新增检验项目或者变更检验内容的,应当按照本办法规定申请考核。考核机关应当简化程序,对新增项目或变更检验内容所需仪器、场所及检验能力进行考核。

第三十二条 合格证书有效期届满后需要继续从事本办法第三条规定活动内容的，应当在有效期届满 6 个月前向考核机关提出延续申请。

第六章 监督管理

第三十三条 种子检验机构从事本办法第三条第一项、第二项检验服务，应当在其出具的检验报告上标注 CASL 标志。

第三十四条 省级以上农业农村主管部门根据需要对考核通过的种子检验机构进行现场检查或能力验证，种子检验机构应当予以配合，不得拒绝。

第三十五条 在合格证书有效期内，种子检验机构不再从事检验范围内的种子检验服务或者自愿申请终止的，应当向考核机关申请办理合格证书注销手续。

第三十六条 合格证书有效期届满，未申请延续或依法不予延续批准的，考核机关应当予以注销。

第三十七条 考评专家在考核活动中，有下列情形之一的，考核机关可以根据情节轻重，作出告诫、暂停或者取消其从事考核活动的处理：

（一）未按照规定的要求和时间开展考核的；

（二）与所考核的种子检验机构有利害关系或者可能对公正性产生影响，未进行回避的；

（三）透露工作中所知悉的国家秘密、商业秘密或者技术秘密的；

（四）向所考核的种子检验机构谋取不正当利益的；

（五）出具虚假或者不实的考核结论的。

第三十八条 种子检验机构有下列情形之一的，省级以上农业农村主管部门责令其暂停对外开展种子检验工作：

（一）拒绝接受监督检查的；

（二）监督检查不合格的；

（三）未按本办法规定办理变更手续的。

被暂停开展检验活动的种子检验机构在3个月内实施了有效整改，经考核机关确认后，可以恢复对外开展种子检验活动。

第三十九条 种子检验机构有下列情形之一的，由考核机关撤销资格：

（一）以欺骗、贿赂等不正当手段骗取合格证书的；

（二）伪造检验记录、数据或者出具虚假结果和证明的；

（三）超出检验范围出具标注CASL标志检验报告的；

（四）超过暂停规定期限仍不能确认恢复检验工作的；

（五）以种子检验机构的名义向社会推荐或者以监制等方式参与种子经营活动，经督促仍不改正的或者造成恶劣影响的；

（六）连续两次能力验证结果不合格的。

被撤销资格的种子检验机构，3年内不得申请考核。

第七章 附 则

第四十条 种子检验机构合格证书和CASL标志的格式由农业农村部统一规定（按附录C格式和附录D格式制作）。

第四十一条 本办法自2019年10月1日起施行。原农业部2008年1月2日发布，2013年12月31日修订的《农作物种子质量检验机构考核管理办法》和《农业部关于印发〈农作物种子质量检验机构考核准则〉等文件的通知》（农农发〔2008〕16号）同时废止。

附录：A. 农作物种子质量检验机构资格考核申请书

B. 农作物种子质量检验报告

C. 农作物种子质量检验机构合格证书格式

D. 农作物种子质量检验机构合格标志

附录 A

农作物种子质量检验机构资格考核

申　请　书

机构名称：________________

申请日期：________________

中华人民共和国农业农村部制

填写须知

1. 填写本申请书前请阅读《农作物种子质量检验机构考核管理办法》等有关规定。

2. 本申请书所选“□”内打“√”。

3. 本申请书须经申请机构负责人签名。

4. 本申请书的检验项目范围按照有关标准或规范性文件的要求填写。

5. 本申请书的自查情况主要填写申请机构近年来的管理体系运行及技术能力状况。

6. 本申请书亦适用于扩项申请、复查申请。

一、申请机构概况

<table>
<tr><td colspan="2">机构名称</td><td colspan="3"></td></tr>
<tr><td colspan="2">挂靠法人名称</td><td colspan="3"></td></tr>
<tr><td colspan="2">机构地址</td><td colspan="3"></td></tr>
<tr><td colspan="2">邮政编码</td><td></td><td>联系电话</td><td></td></tr>
<tr><td colspan="2">电子邮件</td><td></td><td>传真</td><td></td></tr>
<tr><td colspan="2">负责人</td><td></td><td>联系电话</td><td></td></tr>
<tr><td colspan="2">联系人</td><td></td><td>职务</td><td></td></tr>
<tr><td colspan="2">固定电话</td><td></td><td>移动电话</td><td></td></tr>
<tr><td rowspan="3">总体状况</td><td>人员</td><td colspan="3"></td></tr>
<tr><td>场所</td><td colspan="3"></td></tr>
<tr><td>仪器</td><td colspan="3"></td></tr>
</table>

二、申请类型和检验项目范围

(一)申请类型

☐ 首次

☐ 扩项(证书号:________________有效期截至:________________)

☐ 复查(证书号:________________有效期截至:________________)

（二）申请检验项目范围

序号	检验项目	检验内容	适用范围	备注
		⋮		

三、申请机构基本条件

（一）机构法律地位

<table>
<tr><td rowspan="2">法律地位</td><td>本机构于________年____月通过________________批准或注册设立。</td></tr>
<tr><td>□独立法人　　　□非独立法人</td></tr>
<tr><td rowspan="3">法人情况</td><td>法人名称：</td></tr>
<tr><td>□统一社会信用代码：</td></tr>
<tr><td>法定代表人：________________　　固定电话：________________</td></tr>
</table>

（二）检验人员

序号	姓名	性别	年龄	职称	现任职务/岗位	文化程度	所学专业
				⋮			

（三）检验场所

序号	名 称	用 途	面 积(m^2)
		⋮	

(四)仪器设备

序号	仪器名称	型号	数量	技术指标		溯源方式	主要用途	使用日期	备注
				测量范围	准确度等级或不确定度				
				……					

(五)管理体系文件

管理体系文件已按照有关标准要求进行编制,具体内容详见随本申请书递交的下列材料:

☐ 质量手册

☐ 程序文件

☐ 作业指导书

☐ 记录、表格、报告式样等

四、申请机构声明

1. 本机构自愿申请农作物种子质量检验机构资格考核认定。

2. 本机构已基本满足相应的条件和要求。

3. 本机构愿意向考核机关提供检验机构考核认定所需的任何资料和信息，遵守国家有关种子检验机构考核管理的规定和要求，为文件审查和现场评审工作提供方便。

4. 保证申请材料信息真实、准确。

负责人签名：________________

日　　期：________________

（申请机构公章）

注：二维码应包含申请单位的完整名称和统一社会信用代码，二维为黑白两色，大小3cm×3cm

附录 B

（×）中种检字（××××）第×××号

注:二维码包含报告编号和报告查询网址

农作物种子质量

检验报告

检 验 项 目________________________

委 托 单 位________________________

送 样 日 期________________________

检 验 类 别________________________

单位名称(加盖印章)

注 意 事 项

1. 检验报告无编制、审核、批准人签字及单位公章无效，检验报告自批准之日生效。

2. 复制检验报告未重新加盖单位公章无效。

3. 检验报告涂改无效。

4. 对检验报告若有异议，应于检验报告收到之日起十五日内向本中心提出，逾期不予处理。

5. 一般委托检验只对送检样品负责。

6. 未经本中心同意，该检验报告不得用于商业性宣传。

检验报告

检验项目			
联 系 人		送样日期	
委托单位			

待测样品信息

序号	样品编号	样品原编号	样品名称	样品描述
		/	/	/

对照样品信息

序号	样品编号	样品原编号	样品名称	样品描述

检验依据	
所用主要仪器设备	

检验结果及结论

序号	待测样品		对照样品		比较位点数	差异位点数	结论
	样品编号	名称	样品编号	名称			

编制人(签字)：　　　　审核人(签字)：　　　　批准人(签字)：

签发日期：　　年　月　日

单位(公章)：

检验机构联系方式：

地址：	
邮编：	
电话：	
传真：	
Email：	

附录 C

农作物种子质量检验机构合格证书格式

中华人民共和国农作物种子质量检验机构

合 格 证 书

CHINA ACCREDITED SEED LABORATORY CERTIFICATE

证书编号：×中种检字××××第×××号

检验机构名称：

依据《中华人民共和国种子法》和《农作物种子检验机构考核管理办法》的规定，你单位经考核合格，特发此证。

批准的检验项目范围见证书附表，准许在检验报告上使用CASL标志和证书编号。

有效日期：××××年××月××日

发证日期：××××年××月××日

考核机关（盖章）

附表

农作物种子质量检验机构合格证书附表
检验项目范围

证书编号:X 中种检字 XXXX 第 XXX 号　　　　第 X 页　共 X 页

序号	检验项目	检验内容	适用范围	备注
1				
2				
3				
4				
5				
6				
⋮				

注:

1. 检验项目表述采用《农作物种子检验规程》的内容,包括扦样、净度、发芽、生活力、水分、品种真实性、品种纯度、转基因等内容。类似项目可以一起表述,如净度、品种真实性和品种纯度等。

2. 检验内容主要是描述该检验项目特性的方法。

3. 适用范围是项目适用的作物,对于适用范围较广的,可采用作物种类分类方法进行描述,标为禾谷类种子、豆类种子、油料类种子、瓜菜花卉类种子等。

附录 D

农作物种子质量检验机构合格标志

合格标志图案和规格如下，颜色为绿色：

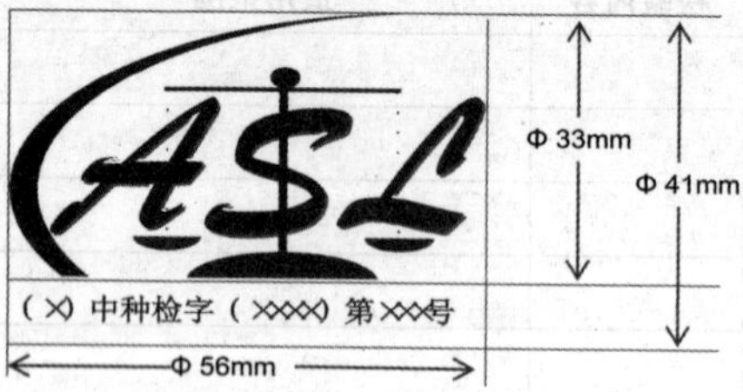

合格标志由 CASL 四个英文字母的图形和检验机构合格证书编号两部分组成，证书编号位于 CASL 图形下方。CASL 分别由“中国合格种子检验机构”（China Accredited Seed Laboratory）相应英文单词的第一个大写字母组成；证书编号为“X 中种检字 XXXX 第 XXX 号”，其中“X”为省、自治区、直辖市简称，“XXXX”为年号，“XXX”为证书序号。

农田建设项目管理办法

（2019年8月27日农业农村部令2019年第4号公布
自2019年10月1日起施行　国司备字[2019000950]）

第一章　总　　则

第一条　为规范农田建设项目管理，确保项目建设质量，实现项目预期目标，依据《中华人民共和国农业法》《基本农田保护条例》《政府投资条例》等法律、行政法规，制定本办法。

第二条　本办法所称农田建设，是指各级人民政府为支持农业可持续发展，改善农田基础设施条件，提高农田综合生产能力，贯彻落实“藏粮于地、藏粮于技”战略，安排资金对农田进行综合治理和保护的活动。本办法所称农田建设项目，是指为开展农田建设而实施的高标准农田建设等项目类型。

第三条　农田建设实行集中统一管理体制，统一规划布局、建设标准、组织实施、验收评价、上图入库。

第四条　农业农村部负责管理和指导全国农田建设工作，制定农田建设政策、规章制度，牵头组织编制农田建设规划，建立全国农田建设项目评审专家库，统筹安排农田建设任务，管理农田建设项目，对各地农田建设项目管理进行监督评价。

省级人民政府农业农村主管部门负责指导本地区农田建设工作，牵头拟订本地区农田建设政策和规划，组织完成中央下达的建设任务，提出本地区农田建设年度任务方案，建立省级农田建设项目评审专家库，审批项目初步设计文件，组织开展项目竣工验收和监督检查，确定本地区各级人民政府农业农村主管部门农田建设项目管理职责，对本地区农田建设项目进行管理。

地（市、州、盟）级人民政府农业农村主管部门负责指导本地区农田建设工作,承担省级下放或委托的项目初步设计审批、竣工验收等职责,对本地区农田建设项目进行监督检查和统计汇总等。

县级人民政府农业农村主管部门负责本地区农田建设工作,制定县域农田建设规划,建立项目库,组织编制项目初步设计文件,申报项目,组织开展项目实施和初步验收,落实监管责任,开展日常监管。

第五条 农田建设项目遵循规划编制、前期准备、申报审批、计划管理、组织实施、竣工验收、监督评价等管理程序。

第二章 规划编制

第六条 农田建设项目坚持规划先行。规划应遵循突出重点、集中连片、整体推进、分期建设的原则,明确农田建设区域布局,优先扶持粮食生产功能区和重要农产品生产保护区(以下简称“两区”),把“两区”耕地全部建成高标准农田。

第七条 农业农村部负责牵头组织制定全国农田建设规划,报经国务院批准后实施。省级人民政府农业农村主管部门根据全国农田建设规划,研究编制本省农田建设规划,经省级人民政府批准后发布实施,并报农业农村部备案。

第八条 县级人民政府农业农村主管部门对接省级农田建设规划任务,牵头组织编制本级农田建设规划,并与当地水利、自然资源等部门规划衔接。

县级农田建设规划要根据区域水土资源条件,按流域或连片区域规划项目,落实到地块,形成规划项目布局图和项目库(单个项目达到项目可行性研究深度)。县级规划经本级人民政府批准后发布实施,并报省、市两级人民政府农业农村主管部门备案。

第九条 省级人民政府农业农村主管部门汇总县级项目库,形成省级农田建设项目库。

第三章　项目申报与审批

第十条　农田建设项目实行常态化申报，纳入项目库的项目，在征求项目区农村集体经济组织和农户意见后，在完成项目区实地测绘和勘察的基础上，编制项目初步设计文件。

第十一条　农田建设项目初步设计文件由县级人民政府农业农村主管部门牵头组织编制。初步设计文件包括初步设计报告、设计图、概算书等材料。

第十二条　初步设计文件应由具有相应勘察、设计资质的机构进行编制，并达到规定的深度。

第十三条　县级人民政府农业农村主管部门依据规划任务、工作实际等情况，将项目初步设计文件报送上级人民政府农业农村主管部门。省级人民政府农业农村主管部门会同有关部门，结合本地实际，按照地方法规要求，确定项目审批主体。

第十四条　省、受托的地（市、州、盟）组织或委托第三方机构开展初步设计文件评审工作。评审专家从评审专家库中抽取。评审可行的项目要向社会公示（涉及国家秘密的内容除外），公示期一般不少于5个工作日。公示无异议的项目要适时批复。

第十五条　省级人民政府农业农村主管部门依据本省农田建设规划以及前期工作情况，以县为单元向农业农村部申报年度建设任务。农业农村部根据全国农田建设规划并结合省级监督评价等情况，下达年度农田建设任务。

第十六条　地方各级人民政府农业农村主管部门应当依据经批复的项目初步设计文件，编制、汇总农田建设项目年度实施计划。省级人民政府农业农村主管部门负责批复本地区农田建设项目年度实施计划，并报农业农村部备案。

第四章　组织实施

第十七条　农田建设项目应按照批复的初步设计文件和年度实施计划组织实施，按期完工，并达到项目设计目标。建设期一般为1—2年。

第十八条　农田建设项目应当推行项目法人制，按照国家有关招标投标、政府采购、合同管理、工程监理、资金和项目公示等规定执行。省级人民政府农业农村主管部门根据本地区实际情况，对具备条件的新型经营主体或农村集体经济组织自主组织实施的农田建设项目，可简化操作程序，以先建后补等方式实施，县级人民政府农业农村主管部门应选定工程监理单位监督实施。

第十九条　组织开展农田建设应坚持农民自愿、民主方式，调动农民主动参与项目规划、建设和管护等积极性。鼓励在项目建设中开展耕地小块并大块的宜机化整理。

第二十条　参与项目建设的工程施工、监理、审计及专业化管理等单位或机构应具有相应资质。

第二十一条　项目实施应当严格按照年度实施计划和初步设计批复执行，不得擅自调整或终止。确需进行调整或终止的，按照"谁审批、谁调整"的原则，依据有关规定办理审核批复。项目调整应确保批复的建设任务不减少，建设标准不降低。

终止项目和省级部门批复调整的项目应当报农业农村部备案。

第二十二条　农田建设项目执行定期调度和统计调查制度，各级人民政府农业农村主管部门应按照有关要求，及时汇总上报建设进度，定期报送项目年度实施计划完成情况。

第五章　竣工验收

第二十三条　农田建设项目按照"谁审批、谁验收"的原则，由审批项目初步设计单位组织竣工验收。

第二十四条 申请竣工验收的项目应当具备下列条件:

(一)完成批复的初步设计文件中各项建设内容;

(二)技术文件材料分类立卷,技术档案和施工管理资料齐全、完整;

(三)主要设备及配套设施运行正常,达到项目设计目标;

(四)各单项工程已经设计单位、施工单位、监理单位和建设单位等四方验收;

(五)编制竣工决算,并经有资质的机构审计。

第二十五条 县级人民政府农业农村主管部门组织初验,初验合格后,提出竣工验收申请报告。

竣工验收申请报告应依照竣工验收条件对项目实施情况进行分类总结,并附初验意见、竣工决算审计报告等。

第二十六条 项目初步设计审批部门在收到项目竣工验收申请报告后,及时组织竣工验收。由地(市、州、盟)级人民政府农业农村主管部门组织验收的项目,验收结果应报省级人民政府农业农村主管部门备案。省级每年应对不低于10%的当年竣工验收项目进行抽查。

对竣工验收合格的项目,核发由农业农村部统一格式的竣工验收合格证书。

第二十七条 农田建设项目全部竣工验收后,要在项目区设立统一规范的公示标牌和标志,将农田建设项目建设单位、设计单位、施工单位、监理单位、项目年度、建设区域、投资规模以及管护主体等信息进行公示,接受社会和群众监督。

第二十八条 项目竣工验收后,应及时按有关规定办理资产交付手续。按照"谁受益、谁管护,谁使用、谁管护"的原则明确工程管护主体,拟定管护制度,落实管护责任,保证工程在设计使用期限内正常运行。

第二十九条 项目竣工验收后,县级人民政府农业农村主管部门应按照有关规定对项目档案进行收集、整理、组卷、存档。

第三十条 加强农田建设新增耕地核定工作，并按相关要求将新增耕地指标调剂收益优先用于高标准农田建设。

第六章 监督管理

第三十一条 各级人民政府农业农村主管部门应当按照《中华人民共和国政府信息公开条例》等有关规定，公开农田建设项目建设相关信息，接受社会监督。

第三十二条 各级人民政府农业农村主管部门应当制定、实施内部控制制度，对农田建设项目管理风险进行预防和控制，加强事前、事中、事后的监督检查，发现问题及时纠正。

第三十三条 各级人民政府农业农村主管部门应当加强对农田建设项目的监督评价。农业农村部结合粮食安全省长责任制考核，采取直接组织或委托第三方的方式，对各省农田建设项目开展监督评价和检查。

第三十四条 农田建设项目实施过程中发现存在严重违法违规问题的，各级人民政府农业农村主管部门应当及时终止项目，协助有关部门追回项目财政资金，并依法依规追究相关人员责任。

第三十五条 各级人民政府农业农村主管部门应当积极配合相关部门的审计和监督检查，对发现的问题及时整改。

第三十六条 各级人民政府农业农村主管部门应当及时在信息平台上填报农田建设项目的任务下达、初步设计审批、实施管理、竣工验收等工作信息。

县级人民政府农业农村主管部门应当在项目竣工验收后，对项目建档立册、上图入库并与规划图衔接。

第七章 附 则

第三十七条 省级人民政府农业农村主管部门根据本办法，

结合本地区的实际情况，制定具体实施办法，报农业农村部备案。

第三十八条 本办法为农田建设项目管理程序性规定，涉及资金管理和中央预算内投资计划管理相关事宜按照相关规定执行。

第三十九条 在本办法施行之前，原由相关部门已经批复的农田建设项目，仍按原规定执行。

第四十条 本办法自 2019 年 10 月 1 日起施行。

水生野生动物及其制品价值评估办法

（2019年8月27日农业农村部令2019年第5号公布
自2019年10月1日起施行　国司备字[2019000949]）

第一条　为了规范水生野生动物及其制品的价值评估方法和标准，根据《中华人民共和国野生动物保护法》规定，制定本办法。

第二条　《中华人民共和国野生动物保护法》规定保护的珍贵濒危水生野生动物及其制品价值的评估，适用本办法。

本办法规定的水生野生动物，是指国家重点保护水生野生动物及《濒危野生动植物种国际贸易公约》附录水生物种的整体（含卵）。

本办法规定的水生野生动物制品，是指水生野生动物的部分及其衍生物。

第三条　水生野生动物成年整体的价值，按照对应物种的基准价值乘以保护级别系数计算。

农业农村部负责制定、公布并调整《水生野生动物基准价值标准目录》。

第四条　国家一级重点保护水生野生动物的保护级别系数为10。国家二级重点保护水生野生动物的保护级别系数为5。

《濒危野生动植物种国际贸易公约》附录所列水生物种，已被农业农村部核准为国家重点保护野生动物的，按照对应保护级别系数核算价值；未被农业农村部核准为国家重点保护野生动物的，保护级别系数为1。

第五条　水生野生动物幼年整体的价值，按照该物种成年整体价值乘以发育阶段系数计算。

发育阶段系数不应超过1，由核算其价值的执法机关或者评估机构综合考虑该物种繁殖力、成活率、发育阶段等实际情况确定。

第六条　水生野生动物卵的价值，有单独基准价值的，按照其基准价值乘以保护级别系数计算；没有单独基准价值的，按照该物种成年整体价值乘以繁殖力系数计算。

爬行类野生动物卵的繁殖力系数为十分之一；两栖类野生动物卵的繁殖力系数为千分之一；无脊椎、鱼类野生动物卵的繁殖力系数综合考虑该物种繁殖力、成活率进行确定。

第七条　水生野生动物制品的价值，按照该物种整体价值乘以涉案部分系数计算。

涉案部分系数不应超过 1；系该物种主要利用部分的，涉案部分系数不应低于 0.7。具体由核算其价值的执法机关或者评估机构综合考虑该制品利用部分、对动物伤害程度等因素确定。

第八条　人工繁育的水生野生动物及其制品的价值，根据本办法第三至七条规定计算后的价值乘以物种来源系数计算。

列入人工繁育国家重点保护水生野生动物名录物种的人工繁育个体及其制品，物种来源系数为 0.25；其它物种的人工繁育个体及其制品，物种来源系数为 0.5。

第九条　水生野生动物及其制品有实际交易价格，且实际交易价格高于按照本办法评估价值的，按照实际交易价格执行。

第十条　本办法施行后，新列入《国家重点保护野生动物名录》或《濒危野生动植物种国际贸易公约》附录，但尚未列入《水生野生动物基准价值标准目录》的水生野生动物，其基准价值参照与其同属、同科或同目的最近似水生野生动物的基准价值核算。

第十一条　未被列入《濒危野生动植物种国际贸易公约》附录的地方重点保护水生野生动物，可参照本办法计算价值，保护级别系数可按 1 计算。

第十二条　本办法自 2019 年 10 月 1 日起施行。

附表

水生野生动物基准价值标准目录

物种名称	学名	单位	基准价值（元）
脊索动物门 Chordata 哺乳纲 Mammalia			
食肉目 Carnivora			
鼬科 Mustelidae			
水獭亚科 Lutrinae			
小爪水獭	*Aonyx cinerea*	只	2000
水獭亚科其他种		只	1800
鳍足类 Pinnipedia			
海象科 Odobenidae			
海象	*Odobenus rosmarus*	头	3000
海狗科 Otariidae			
毛皮海狮属所有种	*Arctocephalus* spp.	头	8000
海豹科 Phocidae			
斑海豹	*Phoca largha*	头	10000
僧海豹属所有种	*Monachus* spp.	头	10000
南象海豹	*Mirounga leonina*	头	5000
鳍足类其他种		头	2000
鲸目 Cetacea			
露脊鲸科所有种	Balaenidae spp.	头	150000
须鲸科所有种	Balaenopteridae spp.	头	120000
海豚科 Delphinidae			
中华白海豚	*Sousa chinensis*	头	200000
海豚科其他种		头	50000
灰鲸科所有种	Eschrichtiidae spp.	头	100000
亚马孙河豚科 Iniidae			

续表

物种名称	学名	单位	基准价值（元）
白鱀豚	*Lipotes vexillifer*	头	600000
亚马孙河豚科其他种		头	50000
鼠海豚科 Phocoenidae			
窄脊江豚长江种群（长江江豚）	*Neophocaena asiaeorientalis*	头	250000
鼠海豚科其他种		头	50000
抹香鲸科所有种	Physeteridae spp.	头	150000
鲸目其他种		头	75000
海牛目 Sirenia			
儒艮科 Dugongidae			
儒艮	*Dugong dugon*	头	250000
海牛科所有种	Trichechidae spp.	头	150000
爬行纲 Reptilia			
鳄目 Crocodylia			
鳄目所有种(除鼍)	Crocodylia spp.	尾	500
蛇目 Serpentes			
蛇目所有种(仅瘰鳞蛇、水蛇及海蛇)	Serpentes spp.	条	300
龟鳖目 Testudines			
两爪鳖科所有种	Carettochelyidae spp.	只	500
蛇颈龟科所有种	Chelidae spp.	只	500
海龟科 Cheloniidae			
绿海龟	*Chelonia mydas*	只	15000
玳瑁	*Eretmochelys imbricata*	只	20000
蠵龟	*Caretta caretta*	只	15000
太平洋丽龟	*Lepidochelys olivacea*	只	15000
海龟科其他种		只	10000

续表

物种名称	学名	单位	基准价值（元）
棱皮龟科 Dermochelyidae			
棱皮龟	*Dermochelys coriacea*	只	20000
鳄龟科所有种	Chelydridae spp.	只	300
泥龟科所有种	Dermatemydidae spp.	只	500
龟科所有种	Emydidae spp.	只	500
地龟科 Geoemydidae			
三线闭壳龟	*Cuora trifasciata*	只	10000
云南闭壳龟	*Cuora yunnanensis*	只	30000
百色闭壳龟	*Cuora mccordi*	只	30000
金头闭壳龟	*Cuora aurocapitata*	只	30000
潘氏闭壳龟	*Cuora pani*	只	30000
周氏闭壳龟	*Cuora zhoui*	只	30000
黄额闭壳龟	*Cuora galbinifrons*	只	600
图纹闭壳龟	*Cuora picturata*	只	600
布氏闭壳龟	*Cuora bourreti*	只	600
地龟科其他种		只	500
侧颈龟科所有种	Podocnemididae spp.	只	500
鳖科 Trionychidae			
山瑞鳖	*Palea steindachneri*	只	1000
鼋属所有种	*Pelochelys* spp.	只	150000
斑鳖	*Rafetus swinhoei*	只	200000
鳖科其他种		只	500
两栖纲 Amphibia			
有尾目 Caudata			
隐鳃鲵科 Cryptobranchidae			
大鲵	*Andrias davidianus*	只	2500

续表

物种名称	学名	单位	基准价值（元）
隐鳃鲵科其他种		只	500
蝾螈科 Salamandridae			
细痔疣螈	*Tylototrirtion asperrimus*	只	400
镇海疣螈	*Tylototritrion chinhaiensis*	只	400
贵州疣螈	*Tylototritrion kweichowensis*	只	400
大凉疣螈	*Tylototritrion taliangensis*	只	500
红瘰疣螈	*Tylototritrion verrucosus*	只	350
有尾目其他种		只	300
无尾目 Anura			
无尾目所有种	Anura spp.	只	100
板鳃亚纲 Elasmobranchii			
鼠鲨目 Lamniformes			
姥鲨科 Cetorhinidae			
姥鲨	*Cetorhinus maximus*	尾	50000
鼠鲨科 Lamnidae			
噬人鲨	Carcharodon carcharias	尾	20000
鲼目 Myliobatiformes			
鲼科所有种	Myliobatidae spp.	尾	200
江魟科所有种	Potamotrygonidae spp.	尾	150
须鲨目 Orectolobiformes			
鲸鲨科 Rhincodontidae			
鲸鲨	*Rhincodon typus*	尾	40000
鲨类其他种		尾	200
锯鳐目 Pristiformes			
锯鳐科所有种	Pristidae spp.	尾	5000

续表

物种名称	学名	单位	基准价值（元）
辐鳍亚纲 Actinopteri			
鲟形目 Acipenseriformes			
鲟科 Acipenseridae			
中华鲟	*Acipenser sinensis*	尾	50000
中华鲟（卵）		万粒	20000
达氏鲟	*Acipenser dabryanus*	尾	50000
达氏鲟（卵）		万粒	20000
匙吻鲟科 Polyodontidae			
白鲟（成体）	*Psephurus gladius*	尾	500000
白鲟（卵）	*Psephurus gladius*	万粒	200000
鲟形目其他种（成体）		尾	5000
鲟形目其他种（卵）		万粒	2000
鳗鲡目 Anguilliformes			
鳗鲡科 Anguillidae			
花鳗鲡	*Anguilla marmorata*	尾	500
鳗鲡科其他种		尾	50
鲤形目 Cypriniformes			
胭脂鱼科 Catostomidae			
胭脂鱼	*Myxocyprinus asiaticus*	尾	200
胭脂鱼科其他种		尾	150
鲤科 Cyprinidae			
唐鱼	*Tanichthys albonubes*	尾	50
大头鲤	*Cyprinus pellegrini*	尾	100
金线鲃	*Sinocyclocheilus grahami*	尾	100
新疆大头鱼	*Aspiorhynchus laticeps*	尾	500
大理裂腹鱼	*Schizothorax taliensis*	尾	100

续表

物种名称	学名	单位	基准价值（元）
鲤科其他种		尾	100
骨舌鱼目 Osteoglossiformes			
巨骨舌鱼科 Arapaimidae			
巨巴西骨舌鱼	*Arapaima gigas*	尾	500
骨舌鱼科 Osteoglossidae			
美丽硬仆骨舌鱼（包括丽纹硬骨舌鱼）	*Scleropages formosus*	尾	500
鲈形目 Perciformes			
隆头鱼科 Labridae			
波纹唇鱼（苏眉）	*Cheilinus undulatus*	尾	5000
杜父鱼科 Cottidae			
松江鲈鱼	*Trachidermus fasciatus*	尾	100
石首鱼科 Sciaenidae			
黄唇鱼	*Bahaba flavolabiata*	尾	16000
加利福尼亚湾石首鱼	*Totoaba macdonaldi*	尾	16000
海龙鱼目 Syngnathiformes			
海龙鱼科 Syngnathidae			
克氏海马	*Hippocampus kelloggi*	尾	200
海马属其他种		尾	30
鲑型目 Salmoniformes			
鲑科 Salmonidae			
川陕哲罗鲑	*Hucho bleekeri*	尾	2000
秦岭细鳞鲑	*Brachymystax lenok tsinlingensis*	尾	1000
肺鱼亚纲 Dipneusti			
角齿肺鱼目 Ceratodontiformes			
角齿肺鱼科 Ceratodontidae			

续表

物种名称	学名	单位	基准价值（元）
澳大利亚肺鱼	*Neoceratodus forsteri*	尾	100
腔棘亚纲 Coelacanthi			
腔棘鱼目 Coelacanthiformes			
矛尾鱼科 Latimeriidae			
矛尾鱼属所有种	*Latimeria* spp.	尾	100000
文昌鱼纲 Appendicularia			
文昌鱼目 Amphioxiformes			
文昌鱼科 Branchiostomatidae			
文昌鱼	*Branchiostoma belcheri*	尾	10
半索动物门 Hemichordata			
肠鳃纲 Enteropneusta			
柱头虫科 Balanoglossidae			
多鳃孔舌形虫	*Glossobalanus polybranchioporus*	只	100
玉钩虫科 Harrimaniidae			
黄岛长吻虫	*Saccoglossus hwangtauensis*	只	100
棘皮动物门 Echinodermata			
海参纲所有种	Holothuroidea spp.	只	10
环节动物门 Annelida			
蛭纲 Hirudinoidea			
无吻蛭目 Arhynchobdellida			
医蛭科所有种	Hirudinidae spp.	只	10
软体动物门 Mollusca			
腹足纲 Gastropoda			
中腹足目 Mesogastropoda			
宝贝科 Cypraeidae			
虎斑宝贝	*Cypraea tigris*	只	50

续表

物种名称	学名	单位	基准价值（元）
冠螺科 Cassididae			
冠螺	*Cassis cornuta*	只	100
瓣鳃纲 Lamellibranchia			
异柱目 Anisomyria			
珍珠贝科 Pteriidae			
大珠母贝	*Pinctada maxima*	只	100
真瓣鳃目 Eulamellibranchia			
砗磲科 Tridacnidae			
库氏砗磲	*Tridacna cookiana*	只	5000
		千克	60
砗磲科其他种		只	200
蚌科 Unionidae			
佛耳丽蚌	*Lamprotula mansuyi*	只	100
头足纲 Cephalopoda			
鹦鹉螺目 Nautilida			
鹦鹉螺科所有种	Nautilidae spp.	只	3000
刺胞亚门 Cnidaria			
珊瑚虫纲 Anthozoa			
柳珊瑚目 Gorgonaceae			
红珊瑚科所有种	Coralliidae spp.	千克	50000
珊瑚类其他种		千克	500

关于在外交活动中奏唱中华人民共和国国歌的规定

（2019年9月29日外交部令第3号公布　自公布之日起施行　国司备字［2019000862］）

第一条　为规范外交活动中奏唱中国国歌的场合和礼仪，根据《中华人民共和国国歌法》第四条第七项、第九条第一款，制定本规定。

第二条　本规定所称外交活动，主要指中华人民共和国国家领导人、外交部长及外交部、驻外外交机构和其他受权执行相关任务的国家机关及其人员，代表中华人民共和国进行对外交往的活动。

本规定所称驻外外交机构，是指中华人民共和国驻外国的使馆、领馆以及常驻联合国等政府间国际组织的代表团等代表机构。

第三条　外交活动中奏唱中国国歌，应当符合惯例、平衡、对等、礼让原则。

第四条　在中华人民共和国举行以下外交活动，奏唱中国国歌：

（一）国家主席、国务院总理、国家副主席分别为来华进行国事、正式访问的外国国家元首、政府首脑和国家副元首举行欢迎仪式；

（二）外国国家元首、政府首脑等向人民英雄纪念碑献花圈；

（三）建交（复交）、授勋仪式等重大外交庆典活动；

（四）中华人民共和国国家领导人、外交部长及其他受权执行相关任务的高级别官员代表中华人民共和国主持国际会议和多边外交活动，视活动要求根据第三条安排；

（五）其他应当奏唱国歌的外交场合。

第五条 在中华人民共和国外举行以下外交活动，根据东道主规定和习惯做法，奏唱中国国歌：

（一）在双边场合，如奏唱对方国歌，亦应当奏唱中国国歌，顺序尊重东道主惯例；

（二）由中方主办的外交活动，参照第四条第三项、第四项奏唱中国国歌。

第六条 驻外外交机构举行升国旗仪式时，奏唱中国国歌。举行开馆仪式、国庆招待会、庆祝建交等活动，奏唱中国国歌。驻在国有特殊规定和习惯做法的除外。

第七条 双边外交活动中奏唱中国国歌和外国国歌，中方主办活动，一般先奏唱外国国歌；外方主办活动，一般先奏唱中国国歌。有特殊规定的除外。

第八条 外交部及驻外外交机构应当向有关国家外交部门和有关国际组织提供中国国歌标准演奏曲谱和国歌官方录音版本。

第九条 除有关国家国歌或国际组织会歌外，中国国歌不得与其他歌曲紧接奏唱。

第十条 外交活动中奏唱中国国歌时，在场人员应当肃立，举止庄重，不得有不尊重国歌的行为。

第十一条 其他部门和地方主办的外交活动中奏唱中国国歌，参照本规定执行。

第十二条 本规定由外交部负责解释。

第十三条 本规定自公布之日起施行。

规范商标申请注册行为若干规定

(2019年10月11日国家市场监督管理总局令第17号公布　自2019年12月1日起施行　国司备字[2019000909])

第一条　为了规范商标申请注册行为,规制恶意商标申请,维护商标注册管理秩序,保护社会公共利益,根据《中华人民共和国商标法》(以下简称商标法)和《中华人民共和国商标法实施条例》(以下简称商标法实施条例),制定本规定。

第二条　申请商标注册,应当遵守法律、行政法规和部门规章的规定,具有取得商标专用权的实际需要。

第三条　申请商标注册应当遵循诚实信用原则。不得有下列行为:

(一)属于商标法第四条规定的不以使用为目的恶意申请商标注册的;

(二)属于商标法第十三条规定,复制、摹仿或者翻译他人驰名商标的;

(三)属于商标法第十五条规定,代理人、代表人未经授权申请注册被代理人或者被代表人商标的;基于合同、业务往来关系或者其他关系明知他人在先使用的商标存在而申请注册该商标的;

(四)属于商标法第三十二条规定,损害他人现有的在先权利或者以不正当手段抢先注册他人已经使用并有一定影响的商标的;

(五)以欺骗或者其他不正当手段申请商标注册的;

(六)其他违反诚实信用原则,违背公序良俗,或者有其他不良影响的。

第四条　商标代理机构应当遵循诚实信用原则。知道或者应当知道委托人申请商标注册属于下列情形之一的,不得接受其委托:

（一）属于商标法第四条规定的不以使用为目的恶意申请商标注册的；

（二）属于商标法第十五条规定的；

（三）属于商标法第三十二条规定的。

商标代理机构除对其代理服务申请商标注册外，不得申请注册其他商标，不得以不正当手段扰乱商标代理市场秩序。

第五条 对申请注册的商标，商标注册部门发现属于违反商标法第四条规定的不以使用为目的的恶意商标注册申请，应当依法驳回，不予公告。

具体审查规程由商标注册部门根据商标法和商标法实施条例另行制定。

第六条 对初步审定公告的商标，在公告期内，因违反本规定的理由被提出异议的，商标注册部门经审查认为异议理由成立，应当依法作出不予注册决定。

对申请驳回复审和不予注册复审的商标，商标注册部门经审理认为属于违反本规定情形的，应当依法作出驳回或者不予注册的决定。

第七条 对已注册的商标，因违反本规定的理由，在法定期限内被提出宣告注册商标无效申请的，商标注册部门经审理认为宣告无效理由成立，应当依法作出宣告注册商标无效的裁定。

对已注册的商标，商标注册部门发现属于违反本规定情形的，应当依据商标法第四十四条规定，宣告该注册商标无效。

第八条 商标注册部门在判断商标注册申请是否属于违反商标法第四条规定时，可以综合考虑以下因素：

（一）申请人或者与其存在关联关系的自然人、法人、其他组织申请注册商标数量、指定使用的类别、商标交易情况等；

（二）申请人所在行业、经营状况等；

（三）申请人被已生效的行政决定或者裁定、司法判决认定曾从事商标恶意注册行为、侵犯他人注册商标专用权行为的情况；

(四)申请注册的商标与他人有一定知名度的商标相同或者近似的情况；

(五)申请注册的商标与知名人物姓名、企业字号、企业名称简称或者其他商业标识等相同或者近似的情况；

(六)商标注册部门认为应当考虑的其他因素。

第九条 商标转让情况不影响商标注册部门对违反本规定第三条情形的认定。

第十条 注册商标没有正当理由连续三年不使用的，任何单位或者个人可以向商标注册部门申请撤销该注册商标。商标注册部门受理后应当通知商标注册人，限其自收到通知之日起两个月内提交该商标在撤销申请提出前使用的证据材料或者说明不使用的正当理由；期满未提供使用的证据材料或者证据材料无效并没有正当理由的，由商标注册部门撤销其注册商标。

第十一条 商标注册部门作出本规定第五条、第六条、第七条所述决定或者裁定后，予以公布。

第十二条 对违反本规定第三条恶意申请商标注册的申请人，依据商标法第六十八条第四款的规定，由申请人所在地或者违法行为发生地县级以上市场监督管理部门根据情节给予警告、罚款等行政处罚。有违法所得的，可以处违法所得三倍最高不超过三万元的罚款；没有违法所得的，可以处一万元以下的罚款。

第十三条 对违反本规定第四条的商标代理机构，依据商标法第六十八条的规定，由行为人所在地或者违法行为发生地县级以上市场监督管理部门责令限期改正，给予警告，处一万元以上十万元以下的罚款；对直接负责的主管人员和其他直接责任人员给予警告，处五千元以上五万元以下的罚款；构成犯罪的，依法追究刑事责任。情节严重的，知识产权管理部门可以决定停止受理该商标代理机构办理商标代理业务，予以公告。

第十四条 作出行政处罚决定的政府部门应当依法将处罚信息通过国家企业信用信息公示系统向社会公示。

第十五条　对违反本规定第四条的商标代理机构，由知识产权管理部门对其负责人进行整改约谈。

第十六条　知识产权管理部门、市场监督管理部门应当积极引导申请人依法申请商标注册、商标代理机构依法从事商标代理业务，规范生产经营活动中使用注册商标的行为。

知识产权管理部门应当进一步畅通商标申请渠道、优化商标注册流程，提升商标公共服务水平，为申请人直接申请注册商标提供便利化服务。

第十七条　知识产权管理部门应当健全内部监督制度，对从事商标注册工作的国家机关工作人员执行法律、行政法规和遵守纪律的情况加强监督检查。

从事商标注册工作的国家机关工作人员玩忽职守、滥用职权、徇私舞弊，违法办理商标注册事项，收受当事人财物，牟取不正当利益的，应当依法给予处分；构成犯罪的，依法追究刑事责任。

第十八条　商标代理行业组织应当完善行业自律规范，加强行业自律，对违反行业自律规范的会员实行惩戒，并及时向社会公布。

第十九条　本规定自 2019 年 12 月 1 日起施行。

人民币图样使用管理办法

（2019 年 10 月 15 日中国人民银行令〔2019〕第 2 号公布
自 2019 年 11 月 15 日起施行　国司备字[2019000873]）

第一条　为规范人民币图样使用行为，维护人民币信誉和流通秩序，根据《中华人民共和国中国人民银行法》和《中华人民共和国人民币管理条例》等法律法规，制定本办法。

第二条　本办法所称人民币图样是指中国人民银行发行的货币的完整图案或者局部图案。

第三条　本办法所称使用人民币图样是指通过各种形式在宣

传品、出版物或者其他商品上使用放大、缩小和同样大小人民币图样的行为。

第四条 禁止在祭祀用品、生活用品、票券上使用人民币图样。

第五条 在中华人民共和国境内依法设立的法人、其他组织及自然人以弘扬民族优秀文化和反映国内外科学文化成果、宣传爱护人民币和人民币防伪知识、展示人民币设计艺术、促进钱币文化健康发展为目的,可以申请使用人民币图样。

第六条 使用人民币图样实行属地管理、一事一批。中国人民银行上海总部、各分行、营业管理部、省会(首府)城市中心支行、深圳市中心支行是使用人民币图样的审批机构。中国人民银行当地分支机构是使用人民币图样申请的受理机构。

中国人民银行对其分支机构的审批工作进行统一监督管理。

第七条 申请使用人民币图样的申请人,应当向中国人民银行当地分支机构提供以下材料:

(一)《人民币图样使用申请表》(见附件)。

(二)申请人身份证件、营业执照或者法人登记证书。

(三)拟使用人民币图样产品的设计稿。

(四)拟使用人民币图样产品的广告宣传文案。

(五)中国人民银行要求的其他相关材料。

第八条 审批机构应当在《中华人民共和国行政许可法》规定时间内完成人民币图样使用申请的受理及审核工作,作出是否准予使用人民币图样的决定。

第九条 使用人民币图样应当遵守下列规定:

(一)单面使用。

(二)不损害人民币形象、不损害国家利益和社会公共利益。

(三)不使公众误认为是人民币。

(四)保证人民币图样中人物头像、国徽的原有比例,不变形、失真、破坏或者被替换。

(五)使用人民币图样,须在图样中部明显位置标注清晰可辨的“图样”字样。“图样”字样的长度、宽度分别不低于图样长度、宽度的三分之一。以下情形除外：

1. 使用人民币硬币图样；

2. 使用人民币纸币图样单面面积小于原大小的50%；

3. 在有形载体上使用各边长放大和缩小比例超过原边长50%的人民币纸币图样；

4. 在数字载体上使用分辨率小于28像素/厘米(72dpi)的人民币纸币图样。

(六)使用人民币图样制作商品时，不得使用“中国人民银行”行名和货币单位。

第十条 被许可人应当在产品面市前将产品照片及说明产品制作单位、规格材质、宣传方式等情况的材料报审批机构备案。

第十一条 被许可人应当按照许可批准文件核准的范围使用人民币图样，并与申请事项保持一致。被许可人应当在使用人民币图样时注明被许可人名称、许可批准文件号及产品制作单位名称。

第十二条 依法取得的人民币图样使用许可不得转让。不得涂改、倒卖、出租、出借人民币图样使用许可批准文件。

被许可人应当妥善保管图样制作模具和图样源信息，防止人民币图样被非法使用。

第十三条 中国人民银行及其分支机构有权对被许可人进行监督检查，被许可人应当如实提供有关资料，不得拒绝、阻挠、逃避检查，不得谎报、隐匿、销毁相关证据材料。

第十四条 任何单位和个人不得销售非法使用人民币图样的宣传品、出版物或者其他商品。销售经批准使用人民币图样的宣传品、出版物或者其他商品时，不得滥用许可进行虚假宣传和炒作。

第十五条 出于以下目的在宣传品、出版物上使用中国人民银行网站人民币图样库中公布的人民币图样的行为可以不经审批，但必须遵守本办法第九条的规定，并随时接受中国人民银行及其分支机构的监督检查：

（一）中华人民共和国境内依法设立的图书出版、教学研究、新闻媒体、文博机构等单位出于教学、学术研究、人民币知识普及、公益宣传目的使用人民币图样。

（二）银行业金融机构、人民币印制企业出于人民币宣传目的使用人民币图样。

第十六条 有下列行为之一的，由中国人民银行或其分支机构给予警告，并按照《中华人民共和国中国人民银行法》第四十四条的规定予以处罚：

（一）违反本办法规定，未经许可使用人民币图样的。

（二）违反本办法第四条，在祭祀用品、生活用品、票券上使用人民币图样的。

（三）违反本办法第九条，未按规定使用人民币图样的。

（四）违反本办法第十条，未按要求将相关材料报审批机构备案的。

（五）违反本办法第十一条，未按照许可批准文件核准的范围使用人民币图样、使用人民币图样与申请事项不一致或者未在使用人民币图样时注明规定信息的。

（六）违反本办法第十二条第一款，转让人民币图样使用许可，涂改、倒卖、出租、出借人民币图样使用许可批准文件的。

违反本办法第十二条第二款、第十四条规定的，由中国人民银行或其分支机构予以警告，并处5000元以上3万元以下罚款。

第十七条 违反本办法第十三条、第十五条，拒绝、阻挠、逃避中国人民银行及其分支机构检查，或者谎报、隐匿、销毁相关证据材料的，有关法律、行政法规有处罚规定的，依照其规定给予处罚；有关法律、行政法规未作处罚规定的，由中国人民银行或其分支机构予以警告，并处5000元以上3万元以下罚款。

第十八条 本办法由中国人民银行负责解释。

第十九条 本办法自2019年11月15日起施行。原《人民币图样使用管理办法》（中国人民银行令〔2005〕第4号发布）同时废止。

附件：人民币图样使用申请表

附件：

人民币图样使用申请表

<table>
<tr><td colspan="4">申请使用人民币图样的产品信息</td></tr>
<tr><td>申请使用的人民币图样</td><td colspan="3">请详细说明申请使用人民币图样的名称、版别、套别、面额、纸币（硬币、纪念币）、正（背）面、缩放比例（可以另附页）。
例如：＊＊＊＊年版第＊套人民币＊元纸币　正面图样　各边长缩小＊＊%；
＊＊版金质纪念币　正背面图样　原大。</td></tr>
<tr><td>拟使用人民币图样的产品类别</td><td colspan="3">□宣传品　□出版物　□商品</td></tr>
<tr><td>拟使用人民币图样的产品名称及用途</td><td colspan="3"></td></tr>
<tr><td>拟使用人民币图样的产品材质</td><td colspan="3"></td></tr>
<tr><td>制作数量</td><td colspan="3"></td></tr>
<tr><td colspan="4">附件材料</td></tr>
<tr><td colspan="4">□ 身份证件复印件　□ 营业执照复印件　□ 法人登记证书复印件
□ 拟使用人民币图样产品的设计稿
□ 拟使用人民币图样产品的广告宣传文案
□ 其他（请详细说明）</td></tr>
<tr><td colspan="4">申请人信息</td></tr>
<tr><td>申请人类别</td><td colspan="3">□ 法人　□ 其他组织　□ 自然人</td></tr>
<tr><td>申请人名称</td><td></td><td>联系人</td><td></td></tr>
<tr><td>地址</td><td></td><td>联系电话</td><td></td></tr>
<tr><td>邮政编码</td><td></td><td>电子邮箱</td><td></td></tr>
<tr><td colspan="4">本单位（人）承诺所有申请资料真实有效。
申请人签字（盖章）：　　　　　　　　申请日期：</td></tr>
</table>

中国人民银行货币鉴别及假币收缴、鉴定管理办法

（2019年10月16日中国人民银行令〔2019〕第3号公布　自2020年4月1日起施行　国司备字〔2019000874〕）

第一章　总　　则

第一条　为规范货币鉴别及假币收缴、鉴定行为，保护货币持有人的合法权益，根据《中华人民共和国中国人民银行法》、《中华人民共和国商业银行法》、《全国人民代表大会常务委员会关于惩治破坏金融秩序犯罪的决定》和《中华人民共和国人民币管理条例》，制定本办法。

第二条　在中华人民共和国境内设立的办理存取款、货币兑换等业务的银行业金融机构（以下简称金融机构）鉴别货币和收缴假币，中国人民银行及其分支机构和其授权的鉴定机构（以下统称鉴定单位）鉴定货币真伪，适用本办法。

第三条　本办法所称货币是指人民币和外币。人民币是指中国人民银行依法发行的货币，包括纸币和硬币。外币是指在中华人民共和国境内可存取、兑换的其他国家（地区）流通中的法定货币。

本办法所称假币是指不由国家（地区）货币当局发行，仿照货币外观或者理化特性，足以使公众误辨并可能行使货币职能的媒介。

假币包括伪造币和变造币。伪造币是指仿照真币的图案、形状、色彩等，采用各种手段制作的假币。变造币是指在真币的基础

上，利用挖补、揭层、涂改、拼凑、移位、重印等多种方法制作，改变真币原形态的假币。

第四条 本办法所称鉴别是指金融机构在办理存取款、货币兑换等业务过程中，对货币真伪进行判断的行为。

本办法所称收缴是指金融机构在办理存取款、货币兑换等业务过程中，对发现的假币通过法定程序强制扣留的行为。

本办法所称鉴定是指被收缴人对被收缴假币的真伪判断存在异议的情况下，鉴定单位根据被收缴人或者收缴假币的金融机构（以下简称收缴单位）提出的申请，对被收缴假币的真伪进行裁定的行为。

本办法所称误收是指金融机构在办理存取款、货币兑换等业务过程中，将假币作为真币收入的行为。

本办法所称误付是指金融机构在办理存取款、货币兑换等业务过程中，将假币付出给客户的行为。

第五条 个人或者单位主动向中国人民银行分支机构上缴假币的，中国人民银行分支机构予以没收。

个人或者单位主动向金融机构上缴假币的，金融机构依照本办法第三章实施。

第六条 中国人民银行及其分支机构依照本办法对货币鉴别及假币收缴、鉴定实施监督管理。

金融机构依照本办法对货币进行鉴别，对假币进行收缴，协助被收缴人向鉴定单位提出鉴定申请。

鉴定单位依照本办法实施鉴定。

第七条 对于贵金属纪念币的鉴定比照本办法实施，具体办法另行制定。

第二章 货 币 鉴 别

第八条 金融机构办理存取款、货币兑换等业务时，应当准确鉴别货币真伪,防止误收及误付。

第九条 金融机构在履行货币鉴别义务时,应当采取以下措施:

(一)确保在用现金机具的鉴别能力符合国家和行业标准;

(二)按照中国人民银行有关规定,负责组织开展机构内反假货币知识与技能培训,对办理货币收付、清分业务人员的反假货币水平进行评估,确保其具备判断和挑剔假币的专业能力;

(三)按照中国人民银行有关规定,采集、存储人民币和主要外币冠字号码。

第十条 金融机构与客户发生假币纠纷的,若相应有取款、货币兑换等业务的记录在中国人民银行规定的记录保存期限内,金融机构应当提供相关记录。

第十一条 金融机构误付假币,由误付的金融机构对客户等值赔付。若发生负面舆情,金融机构应当妥善处理并消除不良影响。

第十二条 金融机构向中国人民银行分支机构解缴的回笼款中夹杂假币的,中国人民银行分支机构予以没收,向解缴单位开具《假人民币没收收据》,并要求其补足等额人民币回笼款。

第十三条 金融机构确认误收或者误付假币的,应当在3个工作日内向当地中国人民银行分支机构报告,并在上述期限内将假币实物解缴至当地中国人民银行分支机构。金融机构所在地没有中国人民银行分支机构的,由该金融机构向其所在地上一级中国人民银行分支机构报告及解缴假币。

第三章 假币收缴

第十四条 金融机构在办理存取款、货币兑换等业务时发现假币的,应当予以收缴。

第十五条 金融机构柜面发现假币后,应当由2名以上业务人员当面予以收缴,被收缴人不能接触假币。对假人民币纸币,应当当面加盖“假币”字样的戳记;对假外币纸币及各种假硬币,应当当面以统一格式的专用袋加封,封口处加盖“假币”字样戳记,并在专用袋上标明币种、券别、面额、张(枚)数、冠字号码(如有)、收缴人、复核人名章等细项。收缴单位向被收缴人出具按照中国人民银行统一规范制作的《假币收缴凭证》,加盖收缴单位业务公章,并告知被收缴人如对被收缴的货币真伪判断有异议,可以向鉴定单位申请鉴定。

金融机构在清分过程中发现假币后,应当比照前款假外币纸币及各种假硬币的收缴方式,由 2 名以上业务人员予以收缴。假币来源为柜面或者现金自助设备收入的,应当确认为误收差错,假币实物依照第十三条处理。

假币收缴应当在监控下实施,监控记录保存期限不得少于 3 个月。

第十六条 金融机构在收缴假币过程中有下列情形之一的,应当立即报告当地中国人民银行分支机构和公安机关:

(一)一次性发现假币 5 张(枚)以上和当地中国人民银行分支机构和公安机关发文另有规定的两者较小者;

(二)利用新的造假手段制造假币的;

(三)获得制造、贩卖、运输、持有或者使用假币线索的;

(四)被收缴人不配合金融机构收缴行为的;

(五)中国人民银行规定的其他情形。

第十七条 金融机构应当对收缴的假币实物进行单独管理,并建立假币收缴代保管登记制度,账实分管,确保账实相符。

第十八条 金融机构应当将收缴的假币每月全额解缴到当地中国人民银行分支机构,不得自行处理。

金融机构所在地没有中国人民银行分支机构的,由其所在地上一级中国人民银行分支机构确定假币解缴单位。

第十九条 现金自助设备发现可疑币后的处置及相关假币收

缴的管理办法另行制定。

第二十条 被收缴人对收缴单位作出的有关收缴具体行政行为有异议,可以在收到《假币收缴凭证》之日起 60 日内向直接监管该金融机构的中国人民银行分支机构申请行政复议,或者依法提起行政诉讼。

第四章 假币鉴定

第二十一条 被收缴人对被收缴货币的真伪有异议的,可以自收缴之日起 3 个工作日内,持《假币收缴凭证》直接或者通过收缴单位向当地鉴定单位提出书面鉴定申请。鉴定单位应当即时回复能否受理鉴定申请,不得无故拒绝。

鉴定单位应当无偿提供鉴定服务,鉴定后应当出具按照中国人民银行统一规范制作的《货币真伪鉴定书》,并加盖货币鉴定专用章和鉴定人名章。

第二十二条 鉴定单位鉴定时,应当至少有 2 名具备货币真伪鉴定能力的专业人员参与,并作出鉴定结论。

第二十三条 鉴定单位应当自收到鉴定申请之日起 2 个工作日内,通知收缴单位报送待鉴定货币。

收缴单位应当自收到鉴定单位通知之日起 2 个工作日内,将待鉴定货币送达鉴定单位。

第二十四条 鉴定单位应当自受理鉴定之日起 15 个工作日内完成鉴定并出具《货币真伪鉴定书》。因情况复杂不能在规定期限内完成的,可以延长至 30 个工作日,但应当以书面形式向收缴单位或者被收缴人说明原因。

第二十五条 对盖有"假币"字样戳记的人民币纸币,经鉴定为真币的,由鉴定单位交收缴单位按照面额兑换完整券退还被收缴人,并收回《假币收缴凭证》,盖有"假币"戳记的人民币按不宜流通人民币处理;经鉴定为假币的,由鉴定单位予以没收,并向收缴单位和被收缴人开具《货币真伪鉴定书》和《假人民币没收收据》。

对收缴的外币纸币和各种硬币,经鉴定为真币的,由鉴定单位交收缴单位退还被收缴人,并收回《假币收缴凭证》;经鉴定为假币的,由鉴定单位将假币退回收缴单位依法收缴,并向收缴单位和被收缴人出具《货币真伪鉴定书》。

第二十六条 鉴定单位应当具备以下条件:

(一)具有2名以上具备货币真伪鉴定能力的专业人员;

(二)满足鉴定需要的货币分析技术条件;

(三)具有固定的货币真伪鉴定场所;

(四)中国人民银行要求的其他条件。

第二十七条 鉴定单位应当公示鉴定业务范围。中国人民银行及其分支机构应当公示授权的鉴定机构名录。中国人民银行及其分支机构授权的鉴定机构应当公示授权证书。

第二十八条 被收缴人对中国人民银行及其分支机构授权的鉴定机构作出的鉴定结果有异议,可以在收到《货币真伪鉴定书》之日起60日内向鉴定机构所在地的中国人民银行分支机构申请再鉴定。

被收缴人对中国人民银行分支机构作出的鉴定结果有异议,可以在收到《货币真伪鉴定书》之日起60日内向中国人民银行分支机构的上一级机构申请再鉴定。

第五章 监督管理

第二十九条 中国人民银行负责组织制定、实施现金机具鉴别能力管理、反假货币培训管理、金融机构冠字号码数据信息管理、假币收缴鉴定等的制度规范。

中国人民银行及其分支机构有权对金融机构执行本办法的情况开展监督检查。

第三十条 金融机构应当按照《中华人民共和国人民币管理

条例》和本办法的相关规定，建立货币鉴别及假币收缴、鉴定内部管理制度和操作规范。

第三十一条 金融机构应当按照中国人民银行有关规定，对现金机具、人员培训、冠字号码以及假币收缴鉴定业务等进行数据管理，并将相关数据报送中国人民银行或其分支机构。

第三十二条 金融机构应当定期对本办法及相关内部管理制度和操作规范的执行情况进行自查，并接受中国人民银行及其分支机构的检查。

第六章 法律责任

第三十三条 金融机构开展货币鉴别和假币收缴，中国人民银行及其分支机构授权的鉴定机构开展假币鉴定业务，有下列行为之一，但尚未构成犯罪，涉及假人民币的，按照《中华人民共和国人民币管理条例》第四十四条的规定予以处罚；涉及假外币的，处以1000元以上3万元以下的罚款：

（一）在用现金机具鉴别能力不符合国家和行业标准的；

（二）未按本办法规定组织开展机构内反假货币知识与技能培训，未按本办法规定对办理货币收付、清分业务人员的反假货币水平进行评估，或者办理货币收付、清分业务人员不具备判断和挑剔假币专业能力的；

（三）未按本办法规定采集、存储人民币和主要外币冠字号码的；

（四）未按本办法规定建立货币鉴别及假币收缴、鉴定内部管理制度和操作规范的；

（五）发生假币误付行为的；

（六）与客户发生假币纠纷，在记录保存期限内，金融机构未能提供相应存取款、货币兑换等业务记录的；

（七）发现假币而不收缴的；

（八）未按本办法规定收缴假币的；

（九）未按本办法规定将假币解缴中国人民银行分支机构的；

（十）违反本办法第十六条规定，应当向公安机关报告而不报告的；

（十一）无故拒绝受理收缴单位或者被收缴人提出的货币真伪鉴定申请的；

（十二）未按本办法规定鉴定货币真伪的；

（十三）不当保管、截留或者私自处理假币，或者使已收缴、没收的假币重新流入市场的。

第三十四条 金融机构开展货币鉴别和假币收缴，中国人民银行及其分支机构授权的鉴定机构开展假币鉴定业务，有下列行为之一，但尚未构成犯罪，涉及假人民币的，按照《中华人民共和国中国人民银行法》第四十六条的规定予以处罚；涉及假外币的，处以 1000 元以上 3 万元以下的罚款：

（一）发生假币误收行为的；

（二）误付假币，未对客户等值赔付，或者对负面舆情处置不力造成不良影响的；

（三）误收、误付假币，应当向中国人民银行分支机构报告而不报告的；

（四）违反本办法第十六条规定，应当向中国人民银行分支机构报告而不报告的；

（五）向中国人民银行分支机构解缴的回笼款中夹杂假币的；

（六）未按本办法规定对现金机具、人员培训、冠字号码以及假币收缴鉴定业务等进行数据管理，并报送中国人民银行或其分支机构的；

（七）未公示鉴定机构授权证书或者鉴定业务范围的。

第三十五条 拒绝、阻挠、逃避中国人民银行及其分支机构检查，或者谎报、隐匿、销毁相关证据材料的，有关法律、行政法规有处罚规定的，依照其规定给予处罚；有关法律、行政法规未作处罚规定的，由中国人民银行及其分支机构予以警告，并处5000元以上3万元以下的罚款。

第三十六条 中国人民银行及其分支机构工作人员有下列行为之一，但尚未构成犯罪的，对直接负责的主管人员和直接责任人员，依法给予行政处分：

（一）无故拒绝受理收缴单位、被收缴人或者中国人民银行及其分支机构授权的鉴定机构提出的货币真伪鉴定申请的；

（二）未按本办法规定鉴定假币的；

（三）不当保管、截留或者私自处理假币，或者使已收缴、没收的假币重新流入市场的。

第七章 附 则

第三十七条 本办法由中国人民银行负责解释。

第三十八条 本办法自2020年4月1日起施行。《中国人民银行假币收缴、鉴定管理办法》（中国人民银行令〔2003〕第4号发布）同时废止。

关于修改《上市公司重大资产重组管理办法》的决定

（2019年10月18日中国证券监督管理委员会令第159号公布 自公布之日起施行 国司备字［2019000973］）

一、第十三条修改为："上市公司自控制权发生变更之日起36个月内，向收购人及其关联人购买资产，导致上市公司发生以下根本变化情形之一的，构成重大资产重组，应当按照本办法的规定报经中国证监会核准：

（一）购买的资产总额占上市公司控制权发生变更的前一个会计年度经审计的合并财务会计报告期末资产总额的比例达到100%以上；

（二）购买的资产在最近一个会计年度所产生的营业收入占上市公司控制权发生变更的前一个会计年度经审计的合并财务会计报告营业收入的比例达到100%以上；

（三）购买的资产净额占上市公司控制权发生变更的前一个会计年度经审计的合并财务会计报告期末净资产额的比例达到100%以上；

（四）为购买资产发行的股份占上市公司首次向收购人及其关联人购买资产的董事会决议前一个交易日的股份的比例达到100%以上；

（五）上市公司向收购人及其关联人购买资产虽未达到本款第（一）至第（四）项标准，但可能导致上市公司主营业务发生根本变化；

（六）中国证监会认定的可能导致上市公司发生根本变化的其他情形。

上市公司实施前款规定的重大资产重组，应当符合下列规定：

（一）符合本办法第十一条、第四十三条规定的要求；

（二）上市公司购买的资产对应的经营实体应当是股份有限公司或者有限责任公司，且符合《首次公开发行股票并上市管理办法》规定的其他发行条件；

（三）上市公司及其最近3年内的控股股东、实际控制人不存在因涉嫌犯罪正被司法机关立案侦查或涉嫌违法违规正被中国证监会立案调查的情形，但是，涉嫌犯罪或违法违规的行为已经终止满3年，交易方案能够消除该行为可能造成的不良后果，且不影响对相关行为人追究责任的除外；

（四）上市公司及其控股股东、实际控制人最近12个月内未受到证券交易所公开谴责，不存在其他重大失信行为；

(五)本次重大资产重组不存在中国证监会认定的可能损害投资者合法权益,或者违背公开、公平、公正原则的其他情形。

上市公司通过发行股份购买资产进行重大资产重组的,适用《证券法》和中国证监会的相关规定。

本条第一款所称控制权,按照《上市公司收购管理办法》第八十四条的规定进行认定。上市公司股权分散,董事、高级管理人员可以支配公司重大的财务和经营决策的,视为具有上市公司控制权。

创业板上市公司自控制权发生变更之日起,向收购人及其关联人购买符合国家战略的高新技术产业和战略性新兴产业资产,导致本条第一款规定任一情形的,所购买资产对应的经营实体应当是股份有限公司或者有限责任公司,且符合《首次公开发行股票并在创业板上市管理办法》规定的其他发行条件。

上市公司自控制权发生变更之日起,向收购人及其关联人购买的资产属于金融、创业投资等特定行业的,由中国证监会另行规定。"

二、第十四条修改为:"计算本办法第十二条、第十三条规定的比例时,应当遵守下列规定:

(一)购买的资产为股权的,其资产总额以被投资企业的资产总额与该项投资所占股权比例的乘积和成交金额二者中的较高者为准,营业收入以被投资企业的营业收入与该项投资所占股权比例的乘积为准,资产净额以被投资企业的净资产额与该项投资所占股权比例的乘积和成交金额二者中的较高者为准;出售的资产为股权的,其资产总额、营业收入以及资产净额分别以被投资企业的资产总额、营业收入以及净资产额与该项投资所占股权比例的乘积为准。

购买股权导致上市公司取得被投资企业控股权的,其资产总额以被投资企业的资产总额和成交金额二者中的较高者为准,营业收入以被投资企业的营业收入为准,资产净额以被投资企业的净资产额和成交金额二者中的较高者为准;出售股权导致上市公司丧失被投资企业控股权的,其资产总额、营业收入以及资产净额分别以被投资企业的资产总额、营业收入以及净资产额为准。

(二)购买的资产为非股权资产的,其资产总额以该资产的账面值和成交金额二者中的较高者为准,资产净额以相关资产与负债的账面值差额和成交金额二者中的较高者为准;出售的资产为非股权资产的,其资产总额、资产净额分别以该资产的账面值、相关资产与负债账面值的差额为准;该非股权资产不涉及负债的,不适用第十二条第一款第(三)项规定的资产净额标准。

(三)上市公司同时购买、出售资产的,应当分别计算购买、出售资产的相关比例,并以二者中比例较高者为准。

(四)上市公司在12个月内连续对同一或者相关资产进行购买、出售的,以其累计数分别计算相应数额。已按照本办法的规定编制并披露重大资产重组报告书的资产交易行为,无须纳入累计计算的范围。中国证监会对本办法第十三条第一款规定的重大资产重组的累计期限和范围另有规定的,从其规定。

交易标的资产属于同一交易方所有或者控制,或者属于相同或者相近的业务范围,或者中国证监会认定的其他情形下,可以认定为同一或者相关资产。"

三、第二十二条第四款修改为:"上市公司只需选择一种中国证监会指定的报刊公告董事会决议、独立董事的意见,并应当在证券交易所网站全文披露重大资产重组报告书及其摘要、相关证券服务机构的报告或者意见。"

四、第四十四条第一款修改为:"上市公司发行股份购买资产的,可以同时募集部分配套资金,其定价方式按照现行相关规定办理。"

五、第五十九条增加一款,作为第二款:"交易对方超期未履行或者违反业绩补偿协议、承诺的,由中国证监会责令改正,并可以采取监管谈话、出具警示函、责令公开说明、认定为不适当人选等监管措施,将相关情况记入诚信档案。”

六、增加一条,作为第六十一条:“中国证监会对科创板上市公司重大资产重组另有规定的,从其规定。”

原第六十一条改为第六十二条。

本决定自2019年10月18日起施行。《上市公司重大资产重组管理办法》根据本决定作相应修改,重新公布。

上市公司重大资产重组管理办法

(2014年7月7日中国证券监督管理委员会第52次主席办公会议审议通过　根据2016年9月8日中国证券监督管理委员会《关于修改〈上市公司重大资产重组管理办法〉的决定》第一次修订　根据2019年10月18日中国证券监督管理委员会《关于修改〈上市公司重大资产重组管理办法〉的决定》第二次修订)

第一章　总　　则

第一条　为了规范上市公司重大资产重组行为,保护上市公司和投资者的合法权益,促进上市公司质量不断提高,维护证券市场秩序和社会公共利益,根据《公司法》《证券法》等法律、行政法规的规定,制定本办法。

第二条　本办法适用于上市公司及其控股或者控制的公司在日常经营活动之外购买、出售资产或者通过其他方式进行资产交易达到规定的比例,导致上市公司的主营业务、资产、收入发生重大变化的资产交易行为(以下简称重大资产重组)。

上市公司发行股份购买资产应当符合本办法的规定。

上市公司按照经中国证券监督管理委员会(以下简称中国证监会)核准的发行证券文件披露的募集资金用途,使用募集资金购买资产、对外投资的行为，不适用本办法。

第三条 任何单位和个人不得利用重大资产重组损害上市公司及其股东的合法权益。

第四条 上市公司实施重大资产重组，有关各方必须及时、公平地披露或者提供信息，保证所披露或者提供信息的真实、准确、完整，不得有虚假记载、误导性陈述或者重大遗漏。

第五条 上市公司的董事、监事和高级管理人员在重大资产重组活动中，应当诚实守信、勤勉尽责，维护公司资产的安全，保护公司和全体股东的合法权益。

第六条 为重大资产重组提供服务的证券服务机构和人员，应当遵守法律、行政法规和中国证监会的有关规定，遵循本行业公认的业务标准和道德规范，严格履行职责，对其所制作、出具文件的真实性、准确性和完整性承担责任。

前款规定的证券服务机构和人员，不得教唆、协助或者伙同委托人编制或者披露存在虚假记载、误导性陈述或者重大遗漏的报告、公告文件，不得从事不正当竞争，不得利用上市公司重大资产重组谋取不正当利益。

第七条 任何单位和个人对所知悉的重大资产重组信息在依法披露前负有保密义务。

禁止任何单位和个人利用重大资产重组信息从事内幕交易、操纵证券市场等违法活动。

第八条 中国证监会依法对上市公司重大资产重组行为进行监督管理。

中国证监会审核上市公司重大资产重组或者发行股份购买资产的申请，可以根据上市公司的规范运作和诚信状况、财务顾问的执业能力和执业质量，结合国家产业政策和重组交易类型，作出差异化的、公开透明的监管制度安排，有条件地减少审核内容和环节。

第九条 鼓励依法设立的并购基金、股权投资基金、创业投资基金、产业投资基金等投资机构参与上市公司并购重组。

第十条 中国证监会在发行审核委员会中设立上市公司并购重组审核委员会(以下简称并购重组委),并购重组委以投票方式对提交其审议的重大资产重组或者发行股份购买资产申请进行表决,提出审核意见。

第二章 重大资产重组的原则和标准

第十一条 上市公司实施重大资产重组,应当就本次交易符合下列要求作出充分说明,并予以披露:

(一)符合国家产业政策和有关环境保护、土地管理、反垄断等法律和行政法规的规定;

(二)不会导致上市公司不符合股票上市条件;

(三)重大资产重组所涉及的资产定价公允,不存在损害上市公司和股东合法权益的情形;

(四)重大资产重组所涉及的资产权属清晰,资产过户或者转移不存在法律障碍,相关债权债务处理合法;

(五)有利于上市公司增强持续经营能力,不存在可能导致上市公司重组后主要资产为现金或者无具体经营业务的情形;

(六)有利于上市公司在业务、资产、财务、人员、机构等方面与实际控制人及其关联人保持独立,符合中国证监会关于上市公司独立性的相关规定;

(七)有利于上市公司形成或者保持健全有效的法人治理结构。

第十二条 上市公司及其控股或者控制的公司购买、出售资产,达到下列标准之一的,构成重大资产重组:

(一)购买、出售的资产总额占上市公司最近一个会计年度经审计的合并财务会计报告期末资产总额的比例达到50%以上;

(二)购买、出售的资产在最近一个会计年度所产生的营业收入占上市公司同期经审计的合并财务会计报告营业收入的比例达到50%以上；

（三）购买、出售的资产净额占上市公司最近一个会计年度经审计的合并财务会计报告期末净资产额的比例达到50%以上，且超过5000万元人民币。

购买、出售资产未达到前款规定标准，但中国证监会发现存在可能损害上市公司或者投资者合法权益的重大问题的，可以根据审慎监管原则，责令上市公司按照本办法的规定补充披露相关信息、暂停交易、聘请独立财务顾问或者其他证券服务机构补充核查并披露专业意见。

第十三条 上市公司自控制权发生变更之日起36个月内，向收购人及其关联人购买资产，导致上市公司发生以下根本变化情形之一的，构成重大资产重组，应当按照本办法的规定报经中国证监会核准：

（一）购买的资产总额占上市公司控制权发生变更的前一个会计年度经审计的合并财务会计报告期末资产总额的比例达到100%以上；

（二）购买的资产在最近一个会计年度所产生的营业收入占上市公司控制权发生变更的前一个会计年度经审计的合并财务会计报告营业收入的比例达到100%以上；

（三）购买的资产净额占上市公司控制权发生变更的前一个会计年度经审计的合并财务会计报告期末净资产额的比例达到100%以上；

（四）为购买资产发行的股份占上市公司首次向收购人及其关联人购买资产的董事会决议前一个交易日的股份的比例达到100%以上；

（五）上市公司向收购人及其关联人购买资产虽未达到本款第（一）至第（四）项标准，但可能导致上市公司主营业务发生根本变化；

（六）中国证监会认定的可能导致上市公司发生根本变化的其他情形。

上市公司实施前款规定的重大资产重组，应当符合下列规定：

（一）符合本办法第十一条、第四十三条规定的要求；

（二）上市公司购买的资产对应的经营实体应当是股份有限公司或者有限责任公司，且符合《首次公开发行股票并上市管理办法》规定的其他发行条件；

（三）上市公司及其最近3年内的控股股东、实际控制人不存在因涉嫌犯罪正被司法机关立案侦查或涉嫌违法违规正被中国证监会立案调查的情形，但是，涉嫌犯罪或违法违规的行为已经终止满3年，交易方案能够消除该行为可能造成的不良后果，且不影响对相关行为人追究责任的除外；

（四）上市公司及其控股股东、实际控制人最近12个月内未受到证券交易所公开谴责，不存在其他重大失信行为；

（五）本次重大资产重组不存在中国证监会认定的可能损害投资者合法权益，或者违背公开、公平、公正原则的其他情形。

上市公司通过发行股份购买资产进行重大资产重组的，适用《证券法》和中国证监会的相关规定。

本条第一款所称控制权，按照《上市公司收购管理办法》第八十四条的规定进行认定。上市公司股权分散，董事、高级管理人员可以支配公司重大的财务和经营决策的，视为具有上市公司控制权。

创业板上市公司自控制权发生变更之日起，向收购人及其关联人购买符合国家战略的高新技术产业和战略性新兴产业资产，导致本条第一款规定任一情形的，所购买资产对应的经营实体应当是股份有限公司或者有限责任公司，且符合《首次公开发行股票并在创业板上市管理办法》规定的其他发行条件。

上市公司自控制权发生变更之日起，向收购人及其关联人购买的资产属于金融、创业投资等特定行业的，由中国证监会另行规定。

第十四条 计算本办法第十二条、第十三条规定的比例时，应当遵守下列规定：

（一）购买的资产为股权的，其资产总额以被投资企业的资产总额与该项投资所占股权比例的乘积和成交金额二者中的较高者为准，营业收入以被投资企业的营业收入与该项投资所占股权比例的乘积为准，资产净额以被投资企业的净资产额与该项投资所占股权比例的乘积和成交金额二者中的较高者为准；出售的资产为股权的，其资产总额、营业收入以及资产净额分别以被投资企业的资产总额、营业收入以及净资产额与该项投资所占股权比例的乘积为准。

购买股权导致上市公司取得被投资企业控股权的，其资产总额以被投资企业的资产总额和成交金额二者中的较高者为准，营业收入以被投资企业的营业收入为准，资产净额以被投资企业的净资产额和成交金额二者中的较高者为准；出售股权导致上市公司丧失被投资企业控股权的，其资产总额、营业收入以及资产净额分别以被投资企业的资产总额、营业收入以及净资产额为准。

（二）购买的资产为非股权资产的，其资产总额以该资产的账面值和成交金额二者中的较高者为准，资产净额以相关资产与负债的账面值差额和成交金额二者中的较高者为准；出售的资产为非股权资产的，其资产总额、资产净额分别以该资产的账面值、相关资产与负债账面值的差额为准；该非股权资产不涉及负债的，不适用第十二条第一款第（三）项规定的资产净额标准。

（三）上市公司同时购买、出售资产的，应当分别计算购买、出售资产的相关比例，并以二者中比例较高者为准。

（四）上市公司在 12 个月内连续对同一或者相关资产进行购买、出售的，以其累计数分别计算相应数额。已按照本办法的规定编制并披露重大资产重组报告书的资产交易行为，无须纳入累计计算的范围。中国证监会对本办法第十三条第一款规定的重大资产重组的累计期限和范围另有规定的，从其规定。

交易标的资产属于同一交易方所有或者控制，或者属于相同或者相近的业务范围，或者中国证监会认定的其他情形下，可以认定为同一或者相关资产。

第十五条 本办法第二条所称通过其他方式进行资产交易，包括：

（一）与他人新设企业、对已设立的企业增资或者减资；

（二）受托经营、租赁其他企业资产或者将经营性资产委托他人经营、租赁；

（三）接受附义务的资产赠与或者对外捐赠资产；

（四）中国证监会根据审慎监管原则认定的其他情形。

上述资产交易实质上构成购买、出售资产，且按照本办法规定的标准计算的相关比例达到50%以上的，应当按照本办法的规定履行相关义务和程序。

第三章 重大资产重组的程序

第十六条 上市公司与交易对方就重大资产重组事宜进行初步磋商时，应当立即采取必要且充分的保密措施，制定严格有效的保密制度，限定相关敏感信息的知悉范围。上市公司及交易对方聘请证券服务机构的，应当立即与所聘请的证券服务机构签署保密协议。

上市公司关于重大资产重组的董事会决议公告前，相关信息已在媒体上传播或者公司股票交易出现异常波动的，上市公司应当立即将有关计划、方案或者相关事项的现状以及相关进展情况和风险因素等予以公告，并按照有关信息披露规则办理其他相关事宜。

第十七条 上市公司应当聘请独立财务顾问、律师事务所以及具有相关证券业务资格的会计师事务所等证券服务机构就重大资产重组出具意见。

独立财务顾问和律师事务所应当审慎核查重大资产重组是否构成关联交易，并依据核查确认的相关事实发表明确意见。重大资产重组涉及关联交易的，独立财务顾问应当就本次重组对上市公司非关联股东的影响发表明确意见。

资产交易定价以资产评估结果为依据的，上市公司应当聘请具有相关证券业务资格的资产评估机构出具资产评估报告。

证券服务机构在其出具的意见中采用其他证券服务机构或者人员的专业意见的，仍然应当进行尽职调查，审慎核查其采用的专业意见的内容，并对利用其他证券服务机构或者人员的专业意见所形成的结论负责。

第十八条 上市公司及交易对方与证券服务机构签订聘用合同后，非因正当事由不得更换证券服务机构。确有正当事由需要更换证券服务机构的，应当披露更换的具体原因以及证券服务机构的陈述意见。

第十九条 上市公司应当在重大资产重组报告书的管理层讨论与分析部分，就本次交易对上市公司的持续经营能力、未来发展前景、当年每股收益等财务指标和非财务指标的影响进行详细分析。

第二十条 重大资产重组中相关资产以资产评估结果作为定价依据的，资产评估机构应当按照资产评估相关准则和规范开展执业活动；上市公司董事会应当对评估机构的独立性、评估假设前提的合理性、评估方法与评估目的的相关性以及评估定价的公允性发表明确意见。

相关资产不以资产评估结果作为定价依据的，上市公司应当在重大资产重组报告书中详细分析说明相关资产的估值方法、参数及其他影响估值结果的指标和因素。上市公司董事会应当对估值机构的独立性、估值假设前提的合理性、估值方法与估值目的的相关性发表明确意见，并结合相关资产的市场可比交易价格、同行业上市公司的市盈率或者市净率等通行指标，在重大资产重组报告书中详细分析本次交易定价的公允性。

前二款情形中，评估机构、估值机构原则上应当采取两种以上的方法进行评估或者估值；上市公司独立董事应当出席董事会会议，对评估机构或者估值机构的独立性、评估或者估值假设前提的合理性和交易定价的公允性发表独立意见，并单独予以披露。

第二十一条 上市公司进行重大资产重组，应当由董事会依法作出决议，并提交股东大会批准。

上市公司董事会应当就重大资产重组是否构成关联交易作出明确判断，并作为董事会决议事项予以披露。

上市公司独立董事应当在充分了解相关信息的基础上，就重大资产重组发表独立意见。重大资产重组构成关联交易的，独立董事可以另行聘请独立财务顾问就本次交易对上市公司非关联股东的影响发表意见。上市公司应当积极配合独立董事调阅相关材料，并通过安排实地调查、组织证券服务机构汇报等方式，为独立董事履行职责提供必要的支持和便利。

第二十二条 上市公司应当在董事会作出重大资产重组决议后的次一工作日至少披露下列文件：

（一）董事会决议及独立董事的意见；

（二）上市公司重大资产重组预案。

本次重组的重大资产重组报告书、独立财务顾问报告、法律意见书以及重组涉及的审计报告、资产评估报告或者估值报告至迟应当与召开股东大会的通知同时公告。上市公司自愿披露盈利预测报告的，该报告应当经具有相关证券业务资格的会计师事务所审核，与重大资产重组报告书同时公告。

本条第一款第（二）项及第二款规定的信息披露文件的内容与格式另行规定。

上市公司只需选择一种中国证监会指定的报刊公告董事会决议、独立董事的意见，并应当在证券交易所网站全文披露重大资产重组报告书及其摘要、相关证券服务机构的报告或者意见。

第二十三条 上市公司股东大会就重大资产重组作出的决议,至少应当包括下列事项:

(一)本次重大资产重组的方式、交易标的和交易对方;

(二)交易价格或者价格区间;

(三)定价方式或者定价依据;

(四)相关资产自定价基准日至交割日期间损益的归属;

(五)相关资产办理权属转移的合同义务和违约责任;

(六)决议的有效期;

(七)对董事会办理本次重大资产重组事宜的具体授权;

(八)其他需要明确的事项。

第二十四条 上市公司股东大会就重大资产重组事项作出决议,必须经出席会议的股东所持表决权的2/3以上通过。

上市公司重大资产重组事宜与本公司股东或者其关联人存在关联关系的,股东大会就重大资产重组事项进行表决时,关联股东应当回避表决。

交易对方已经与上市公司控股股东就受让上市公司股权或者向上市公司推荐董事达成协议或者默契,可能导致上市公司的实际控制权发生变化的,上市公司控股股东及其关联人应当回避表决。

上市公司就重大资产重组事宜召开股东大会,应当以现场会议形式召开,并应当提供网络投票和其他合法方式为股东参加股东大会提供便利。除上市公司的董事、监事、高级管理人员、单独或者合计持有上市公司5%以上股份的股东以外,其他股东的投票情况应当单独统计并予以披露。

第二十五条 上市公司应当在股东大会作出重大资产重组决议后的次一工作日公告该决议,以及律师事务所对本次会议的召集程序、召集人和出席人员的资格、表决程序以及表决结果等事项出具的法律意见书。

属于本办法第十三条规定的交易情形的,上市公司还应当按照中国证监会的规定委托独立财务顾问在作出决议后 3 个工作日内向中国证监会提出申请。

第二十六条 上市公司全体董事、监事、高级管理人员应当公开承诺,保证重大资产重组的信息披露和申请文件不存在虚假记载、误导性陈述或者重大遗漏。

重大资产重组的交易对方应当公开承诺,将及时向上市公司提供本次重组相关信息,并保证所提供的信息真实、准确、完整,如因提供的信息存在虚假记载、误导性陈述或者重大遗漏,给上市公司或者投资者造成损失的,将依法承担赔偿责任。

前二款规定的单位和个人还应当公开承诺,如本次交易因涉嫌所提供或者披露的信息存在虚假记载、误导性陈述或者重大遗漏,被司法机关立案侦查或者被中国证监会立案调查的,在案件调查结论明确之前,将暂停转让其在该上市公司拥有权益的股份。

第二十七条 中国证监会依照法定条件和程序,对上市公司属于本办法第十三条规定情形的交易申请作出予以核准或者不予核准的决定。

中国证监会在审核期间提出反馈意见要求上市公司作出书面解释、说明的,上市公司应当自收到反馈意见之日起 30 日内提供书面回复意见,独立财务顾问应当配合上市公司提供书面回复意见。逾期未提供的,上市公司应当在到期日的次日就本次交易的进展情况及未能及时提供回复意见的具体原因等予以公告。

第二十八条 股东大会作出重大资产重组的决议后,上市公司拟对交易对象、交易标的、交易价格等作出变更,构成对原交易方案重大调整的,应当在董事会表决通过后重新提交股东大会审议,并及时公告相关文件。

中国证监会审核期间,上市公司按照前款规定对原交易方案作出重大调整的,还应当按照本办法的规定向中国证监会重新提出申请,同时公告相关文件。

中国证监会审核期间,上市公司董事会决议撤回申请的,应当说明原因,予以公告;上市公司董事会决议终止本次交易的,还应当按照公司章程的规定提交股东大会审议。

第二十九条 上市公司重大资产重组属于本办法第十三条规定的交易情形的,应当提交并购重组委审核。

第三十条 上市公司在收到中国证监会关于召开并购重组委工作会议审核其申请的通知后,应当立即予以公告,并申请办理并购重组委工作会议期间直至其表决结果披露前的停牌事宜。

上市公司收到并购重组委关于其申请的表决结果的通知后,应当在次一工作日公告表决结果并申请复牌。公告应当说明,公司在收到中国证监会作出的予以核准或者不予核准的决定后将再行公告。

第三十一条 上市公司收到中国证监会就其申请作出的予以核准或者不予核准的决定后,应当在次一工作日予以公告。

中国证监会予以核准的,上市公司应当在公告核准决定的同时,按照相关信息披露准则的规定补充披露相关文件。

第三十二条 上市公司重大资产重组完成相关批准程序后,应当及时实施重组方案,并于实施完毕之日起 3 个工作日内编制实施情况报告书,向证券交易所提交书面报告,并予以公告。

上市公司聘请的独立财务顾问和律师事务所应当对重大资产重组的实施过程、资产过户事宜和相关后续事项的合规性及风险进行核查,发表明确的结论性意见。独立财务顾问和律师事务所出具的意见应当与实施情况报告书同时报告、公告。

第三十三条 自完成相关批准程序之日起 60 日内,本次重大资产重组未实施完毕的,上市公司应当于期满后次一工作日将实施进展情况报告,并予以公告;此后每 30 日应当公告一次,直至实施完毕。属于本办法第十三条、第四十四条规定的交易情形的,自收到中国证监会核准文件之日起超过 12 个月未实施完毕的,核准文件失效。

第三十四条 上市公司在实施重大资产重组的过程中,发生法律、法规要求披露的重大事项的,应当及时作出公告;该事项导致本次交易发生实质性变动的,须重新提交股东大会审议,属于本办法第十三条规定的交易情形的,还须重新报经中国证监会核准。

第三十五条 采取收益现值法、假设开发法等基于未来收益预期的方法对拟购买资产进行评估或者估值并作为定价参考依据的,上市公司应当在重大资产重组实施完毕后3年内的年度报告中单独披露相关资产的实际盈利数与利润预测数的差异情况,并由会计师事务所对此出具专项审核意见;交易对方应当与上市公司就相关资产实际盈利数不足利润预测数的情况签订明确可行的补偿协议。

预计本次重大资产重组将摊薄上市公司当年每股收益的,上市公司应当提出填补每股收益的具体措施,并将相关议案提交董事会和股东大会进行表决。负责落实该等具体措施的相关责任主体应当公开承诺,保证切实履行其义务和责任。

上市公司向控股股东、实际控制人或者其控制的关联人之外的特定对象购买资产且未导致控制权发生变更的,不适用本条前二款规定,上市公司与交易对方可以根据市场化原则,自主协商是否采取业绩补偿和每股收益填补措施及相关具体安排。

第三十六条 上市公司重大资产重组发生下列情形的,独立财务顾问应当及时出具核查意见,并予以公告:

(一)上市公司完成相关批准程序前,对交易对象、交易标的、交易价格等作出变更,构成对原重组方案重大调整,或者因发生重大事项导致原重组方案发生实质性变动的;

(二)上市公司完成相关批准程序后,在实施重组过程中发生重大事项,导致原重组方案发生实质性变动的。

第三十七条 独立财务顾问应当按照中国证监会的相关规定,对实施重大资产重组的上市公司履行持续督导职责。持续督导的期限自本次重大资产重组实施完毕之日起,应当不少于一个会计年度。实施本办法第十三条规定的重大资产重组,持续督导的期限自中国证监会核准本次重大资产重组之日起，应当不少于3个会计年度。

第三十八条 独立财务顾问应当结合上市公司重大资产重组当年和实施完毕后的第一个会计年度的年报，自年报披露之日起15日内，对重大资产重组实施的下列事项出具持续督导意见，并予以公告：

（一）交易资产的交付或者过户情况；

（二）交易各方当事人承诺的履行情况；

（三）已公告的盈利预测或者利润预测的实现情况；

（四）管理层讨论与分析部分提及的各项业务的发展现状；

（五）公司治理结构与运行情况；

（六）与已公布的重组方案存在差异的其他事项。

独立财务顾问还应当结合本办法第十三条规定的重大资产重组实施完毕后的第二、三个会计年度的年报，自年报披露之日起15日内，对前款第（二）至（六）项事项出具持续督导意见，并予以公告。

第四章 重大资产重组的信息管理

第三十九条 上市公司筹划、实施重大资产重组，相关信息披露义务人应当公平地向所有投资者披露可能对上市公司股票交易价格产生较大影响的相关信息（以下简称股价敏感信息），不得有选择性地向特定对象提前泄露。

第四十条 上市公司的股东、实际控制人以及参与重大资产重组筹划、论证、决策等环节的其他相关机构和人员，应当及时、准确地向上市公司通报有关信息，并配合上市公司及时、准确、完整地进行披露。上市公司获悉股价敏感信息的，应当及时向证券交易所申请停牌并披露。

第四十一条 上市公司及其董事、监事、高级管理人员，重大资产重组的交易对方及其关联方,交易对方及其关联方的董事、监事、高级管理人员或者主要负责人,交易各方聘请的证券服务机构及其从业人员,参与重大资产重组筹划、论证、决策、审批等环节的相关机构和人员,以及因直系亲属关系、提供服务和业务往来等知悉或者可能知悉股价敏感信息的其他相关机构和人员,在重大资产重组的股价敏感信息依法披露前负有保密义务,禁止利用该信息进行内幕交易。

第四十二条 上市公司筹划重大资产重组事项,应当详细记载筹划过程中每一具体环节的进展情况,包括商议相关方案、形成相关意向、签署相关协议或者意向书的具体时间、地点、参与机构和人员、商议和决议内容等,制作书面的交易进程备忘录并予以妥当保存。参与每一具体环节的所有人员应当即时在备忘录上签名确认。

上市公司预计筹划中的重大资产重组事项难以保密或者已经泄露的,应当及时向证券交易所申请停牌,直至真实、准确、完整地披露相关信息。停牌期间,上市公司应当至少每周发布一次事件进展情况公告。

上市公司股票交易价格因重大资产重组的市场传闻发生异常波动时,上市公司应当及时向证券交易所申请停牌,核实有无影响上市公司股票交易价格的重组事项并予以澄清,不得以相关事项存在不确定性为由不履行信息披露义务。

第五章 发行股份购买资产

第四十三条 上市公司发行股份购买资产,应当符合下列规定:

(一)充分说明并披露本次交易有利于提高上市公司资产质量、改善财务状况和增强持续盈利能力,有利于上市公司减少关联交易、避免同业竞争、增强独立性;

（二）上市公司最近一年及一期财务会计报告被注册会计师出具无保留意见审计报告；被出具保留意见、否定意见或者无法表示意见的审计报告的，须经注册会计师专项核查确认，该保留意见、否定意见或者无法表示意见所涉及事项的重大影响已经消除或者将通过本次交易予以消除；

（三）上市公司及其现任董事、高级管理人员不存在因涉嫌犯罪正被司法机关立案侦查或涉嫌违法违规正被中国证监会立案调查的情形，但是，涉嫌犯罪或违法违规的行为已经终止满 3 年，交易方案有助于消除该行为可能造成的不良后果，且不影响对相关行为人追究责任的除外；

（四）充分说明并披露上市公司发行股份所购买的资产为权属清晰的经营性资产，并能在约定期限内办理完毕权属转移手续；

（五）中国证监会规定的其他条件。

上市公司为促进行业的整合、转型升级，在其控制权不发生变更的情况下，可以向控股股东、实际控制人或者其控制的关联人之外的特定对象发行股份购买资产。所购买资产与现有主营业务没有显著协同效应的，应当充分说明并披露本次交易后的经营发展战略和业务管理模式，以及业务转型升级可能面临的风险和应对措施。

特定对象以现金或者资产认购上市公司非公开发行的股份后，上市公司用同一次非公开发行所募集的资金向该特定对象购买资产的，视同上市公司发行股份购买资产。

第四十四条 上市公司发行股份购买资产的，可以同时募集部分配套资金，其定价方式按照现行相关规定办理。

上市公司发行股份购买资产应当遵守本办法关于重大资产重组的规定，编制发行股份购买资产预案、发行股份购买资产报告书，并向中国证监会提出申请。

第四十五条 上市公司发行股份的价格不得低于市场参考价的 90%。市场参考价为本次发行股份购买资产的董事会决议公告日前20个交易日、60个交易日或者120个交易日的公司股票交易均价之一。本次发行股份购买资产的董事会决议应当说明市场参考价的选择依据。

前款所称交易均价的计算公式为:董事会决议公告日前若干个交易日公司股票交易均价=决议公告日前若干个交易日公司股票交易总额/决议公告日前若干个交易日公司股票交易总量。

本次发行股份购买资产的董事会决议可以明确,在中国证监会核准前,上市公司的股票价格相比最初确定的发行价格发生重大变化的,董事会可以按照已经设定的调整方案对发行价格进行一次调整。

前款规定的发行价格调整方案应当明确、具体、可操作,详细说明是否相应调整拟购买资产的定价、发行股份数量及其理由,在首次董事会决议公告时充分披露,并按照规定提交股东大会审议。股东大会作出决议后,董事会按照已经设定的方案调整发行价格的,上市公司无需按照本办法第二十八条的规定向中国证监会重新提出申请。

第四十六条 特定对象以资产认购而取得的上市公司股份,自股份发行结束之日起12个月内不得转让;属于下列情形之一的,36个月内不得转让:

(一)特定对象为上市公司控股股东、实际控制人或者其控制的关联人;

(二)特定对象通过认购本次发行的股份取得上市公司的实际控制权;

(三)特定对象取得本次发行的股份时,对其用于认购股份的资产持续拥有权益的时间不足12个月。

属于本办法第十三条第一款规定的交易情形的,上市公司原控股股东、原实际控制人及其控制的关联人,以及在交易过程中从该等主体直接或间接受让该上市公司股份的特定对象应当公开承诺,在本次交易完成后36个月内不转让其在该上市公司中拥有权益的股份;除收购人及其关联人以外的特定对象应当公开承诺,其以资产认购而取得的上市公司股份自股份发行结束之日起24个月内不得转让。

第四十七条 上市公司申请发行股份购买资产,应当提交并购重组委审核。

第四十八条 上市公司发行股份购买资产导致特定对象持有或者控制的股份达到法定比例的,应当按照《上市公司收购管理办法》(证监会令第108号)的规定履行相关义务。

上市公司向控股股东、实际控制人或者其控制的关联人发行股份购买资产,或者发行股份购买资产将导致上市公司实际控制权发生变更的,认购股份的特定对象应当在发行股份购买资产报告书中公开承诺:本次交易完成后6个月内如上市公司股票连续20个交易日的收盘价低于发行价,或者交易完成后6个月期末收盘价低于发行价的,其持有公司股票的锁定期自动延长至少6个月。

前款规定的特定对象还应当在发行股份购买资产报告书中公开承诺:如本次交易因涉嫌所提供或披露的信息存在虚假记载、误导性陈述或者重大遗漏,被司法机关立案侦查或者被中国证监会立案调查的,在案件调查结论明确以前,不转让其在该上市公司拥有权益的股份。

第四十九条 中国证监会核准上市公司发行股份购买资产的申请后,上市公司应当及时实施。向特定对象购买的相关资产过户至上市公司后,上市公司聘请的独立财务顾问和律师事务所应当对资产过户事宜和相关后续事项的合规性及风险进行核查,并发表明确意见。上市公司应当在相关资产过户完成后3个工作日内就过户情况作出公告,公告中应当包括独立财务顾问和律师事务所的结论性意见。

上市公司完成前款规定的公告、报告后,可以到证券交易所、证券登记结算公司为认购股份的特定对象申请办理证券登记手续。

第五十条 换股吸收合并涉及上市公司的,上市公司的股份定价及发行按照本章规定执行。

上市公司发行优先股用于购买资产或者与其他公司合并,中国证监会另有规定的,从其规定。

上市公司可以向特定对象发行可转换为股票的公司债券、定向权证用于购买资产或者与其他公司合并。

第六章 重大资产重组后申请发行新股或者公司债券

第五十一条 经中国证监会审核后获得核准的重大资产重组实施完毕后,上市公司申请公开发行新股或者公司债券,同时符合下列条件的,本次重大资产重组前的业绩在审核时可以模拟计算:

(一)进入上市公司的资产是完整经营实体;

(二)本次重大资产重组实施完毕后,重组方的承诺事项已经如期履行,上市公司经营稳定、运行良好;

(三)本次重大资产重组实施完毕后,上市公司和相关资产实现的利润达到盈利预测水平。

上市公司在本次重大资产重组前不符合中国证监会规定的公开发行证券条件,或者本次重组导致上市公司实际控制人发生变化的,上市公司申请公开发行新股或者公司债券,距本次重组交易完成的时间应当不少于一个完整会计年度。

第五十二条 本办法所称完整经营实体,应当符合下列条件:

(一)经营业务和经营资产独立、完整,且在最近两年未发生重大变化;

(二)在进入上市公司前已在同一实际控制人之下持续经营两年以上;

(三)在进入上市公司之前实行独立核算,或者虽未独立核算,但与其经营业务相关的收入、费用在会计核算上能够清晰划分;

（四）上市公司与该经营实体的主要高级管理人员签订聘用合同或者采取其他方式，就该经营实体在交易完成后的持续经营和管理作出恰当安排。

第七章 监督管理和法律责任

第五十三条 未依照本办法的规定履行相关义务或者程序，擅自实施重大资产重组的，由中国证监会责令改正，并可以采取监管谈话、出具警示函等监管措施；情节严重的，可以责令暂停或者终止重组活动，处以警告、罚款，并可以对有关责任人员采取市场禁入的措施。

未经中国证监会核准擅自实施本办法第十三条第一款规定的重大资产重组，交易尚未完成的，中国证监会责令上市公司补充披露相关信息、暂停交易并按照本办法第十三条的规定报送申请文件；交易已经完成的，可以处以警告、罚款，并对有关责任人员采取市场禁入的措施；涉嫌犯罪的，依法移送司法机关追究刑事责任。

上市公司重大资产重组因定价显失公允、不正当利益输送等问题损害上市公司、投资者合法权益的，由中国证监会责令改正，并可以采取监管谈话、出具警示函等监管措施；情节严重的，可以责令暂停或者终止重组活动，处以警告、罚款，并可以对有关责任人员采取市场禁入的措施。

第五十四条 上市公司或者其他信息披露义务人未按照本办法规定报送重大资产重组有关报告，或者报送的报告有虚假记载、误导性陈述或者重大遗漏的，由中国证监会责令改正，依照《证券法》第一百九十三条予以处罚；情节严重的，可以责令暂停或者终止重组活动，并可以对有关责任人员采取市场禁入的措施；涉嫌犯罪的，依法移送司法机关追究刑事责任。

第五十五条 上市公司或者其他信息披露义务人未按照规定披露重大资产重组信息，或者所披露的信息存在虚假记载、误导性陈述或者重大遗漏的，由中国证监会责令改正，依照《证券法》第一百九十三条规定予以处罚；情节严重的，可以责令暂停或者终止重组活动，并可以对有关责任人员采取市场禁入的措施；涉嫌犯罪的，依法移送司法机关追究刑事责任。

重大资产重组或者发行股份购买资产的交易对方未及时向上市公司或者其他信息披露义务人提供信息，或者提供的信息有虚假记载、误导性陈述或者重大遗漏的，按照前款规定执行。

第五十六条 重大资产重组涉嫌本办法第五十三条、第五十四条、第五十五条规定情形的，中国证监会可以责令上市公司作出公开说明、聘请独立财务顾问或者其他证券服务机构补充核查并披露专业意见，在公开说明、披露专业意见之前，上市公司应当暂停重组；上市公司涉嫌前述情形被司法机关立案侦查或者被中国证监会立案调查的，在案件调查结论明确之前应当暂停重组。

涉嫌本办法第五十四条、第五十五条规定情形，被司法机关立案侦查或者被中国证监会立案调查的，有关单位和个人应当严格遵守其所作的公开承诺，在案件调查结论明确之前，不得转让其在该上市公司拥有权益的股份。

第五十七条 上市公司董事、监事和高级管理人员未履行诚实守信、勤勉尽责义务，或者上市公司的股东、实际控制人及其有关负责人员未按照本办法的规定履行相关义务，导致重组方案损害上市公司利益的，由中国证监会责令改正，并可以采取监管谈话、出具警示函等监管措施；情节严重的，处以警告、罚款，并可以对有关人员采取认定为不适当人选、市场禁入的措施；涉嫌犯罪的，依法移送司法机关追究刑事责任。

第五十八条 为重大资产重组出具财务顾问报告、审计报告、法律意见、资产评估报告、估值报告及其他专业文件的证券服务机构及其从业人员未履行诚实守信、勤勉尽责义务，违反行业规范、业务规则，或者未依法履行报告和公告义务、持续督导义务的，由中国证监会责令改正，并可以采取监管谈话、出具警示函、责令公开说明、责令参加培训、责令定期报告、认定为不适当人选等监管措施;情节严重的,依照《证券法》第二百二十六条予以处罚。

前款规定的证券服务机构及其从业人员所制作、出具的文件存在虚假记载、误导性陈述或者重大遗漏的,由中国证监会责令改正,依照《证券法》第二百二十三条予以处罚;情节严重的,可以采取市场禁入的措施;涉嫌犯罪的,依法移送司法机关追究刑事责任。

存在前二款规定情形的,在按照中国证监会的要求完成整改之前,不得接受新的上市公司并购重组业务。

第五十九条 重大资产重组实施完毕后,凡因不属于上市公司管理层事前无法获知且事后无法控制的原因,上市公司所购买资产实现的利润未达到资产评估报告或者估值报告预测金额的80%,或者实际运营情况与重大资产重组报告书中管理层讨论与分析部分存在较大差距的,上市公司的董事长、总经理以及对此承担相应责任的会计师事务所、财务顾问、资产评估机构、估值机构及其从业人员应当在上市公司披露年度报告的同时,在同一报刊上作出解释,并向投资者公开道歉;实现利润未达到预测金额50%的,中国证监会可以对上市公司、相关机构及其责任人员采取监管谈话、出具警示函、责令定期报告等监管措施。

交易对方超期未履行或者违反业绩补偿协议、承诺的,由中国证监会责令改正,并可以采取监管谈话、出具警示函、责令公开说明、认定为不适当人选等监管措施,将相关情况记入诚信档案。

第六十条 任何知悉重大资产重组信息的人员在相关信息依法公开前,泄露该信息、买卖或者建议他人买卖相关上市公司证券、利用重大资产重组散布虚假信息、操纵证券市场或者进行欺诈活动的,中国证监会依照《证券法》第二百零二条、第二百零三条、第二百零七条予以处罚;涉嫌犯罪的,依法移送司法机关追究刑事责任。

第八章　附　则

第六十一条　中国证监会对科创板上市公司重大资产重组另有规定的,从其规定。

第六十二条　本办法自2014年11月23日起施行。2008年4月16日发布并于2011年8月1日修改的《上市公司重大资产重组管理办法》(证监会令第73号)、2008年11月11日发布的《关于破产重整上市公司重大资产重组股份发行定价的补充规定》(证监会公告〔2008〕44号)同时废止。

司 法 解 释

最高人民法院关于依法妥善审理高空抛物、坠物案件的意见

（2019 年 10 月 21 日　法发〔2019〕25 号）

近年来，高空抛物、坠物事件不断发生，严重危害公共安全，侵害人民群众合法权益，影响社会和谐稳定。为充分发挥司法审判的惩罚、规范和预防功能，依法妥善审理高空抛物、坠物案件，切实维护人民群众“头顶上的安全”，保障人民安居乐业，维护社会公平正义，依据《中华人民共和国刑法》《中华人民共和国侵权责任法》等相关法律，提出如下意见。

一、加强源头治理，监督支持依法行政，有效预防和惩治高空抛物、坠物行为

1. 树立预防和惩治高空抛物、坠物行为的基本理念。人民法院要切实贯彻以人民为中心的发展理念，将预防和惩治高空抛物、坠物行为作为当前和今后一段时期的重要任务，充分发挥司法职能作用，保护人民群众生命财产安全。要积极推动预防和惩治高空抛物、坠物行为的综合治理、协同治理工作，及时排查整治安全隐患，确保人民群众“头顶上的安全”，不断增强人民群众的幸福感、安全感。要努力实现依法制裁、救济损害与维护公共安全、保障人民群众安居乐业的有机统一，促进社会和谐稳定。

2. 积极推动将高空抛物、坠物行为的预防与惩治纳入诉源治理机制建设。切实发挥人民法院在诉源治理中的参与、推动、规范和保障作用，加强与公安、基层组织等的联动，积极推动和助力有

关部门完善防范高空抛物、坠物的工作举措，形成有效合力。注重发挥司法建议作用，对在审理高空抛物、坠物案件中发现行政机关、基层组织、物业服务企业等有关单位存在的工作疏漏、隐患风险等问题，及时提出司法建议，督促整改。

3. 充分发挥行政审判促进依法行政的职能作用。注重发挥行政审判对预防和惩治高空抛物、坠物行为的积极作用，切实保护受害人依法申请行政机关履行保护其人身权、财产权等合法权益法定职责的权利，监督行政机关依法行使行政职权、履行相应职责。受害人等行政相对方对行政机关在履职过程中违法行使职权或者不作为提起行政诉讼的，人民法院应当依法及时受理。

二、依法惩处构成犯罪的高空抛物、坠物行为，切实维护人民群众生命财产安全

4. 充分认识高空抛物、坠物行为的社会危害性。高空抛物、坠物行为损害人民群众人身、财产安全，极易造成人身伤亡和财产损失，引发社会矛盾纠纷。人民法院要高度重视高空抛物、坠物行为的现实危害，深刻认识运用刑罚手段惩治情节和后果严重的高空抛物、坠物行为的必要性和重要性，依法惩治此类犯罪行为，有效防范、坚决遏制此类行为发生。

5. 准确认定高空抛物犯罪。对于高空抛物行为，应当根据行为人的动机、抛物场所、抛掷物的情况以及造成的后果等因素，全面考量行为的社会危害程度，准确判断行为性质，正确适用罪名，准确裁量刑罚。

故意从高空抛弃物品，尚未造成严重后果，但足以危害公共安全的，依照刑法第一百一十四条规定的以危险方法危害公共安全罪定罪处罚；致人重伤、死亡或者使公私财产遭受重大损失的，依照刑法第一百一十五条第一款的规定处罚。为伤害、杀害特定人员实施上述行为的，依照故意伤害罪、故意杀人罪定罪处罚。

6. 依法从重惩治高空抛物犯罪。具有下列情形之一的，应当从重处罚，一般不得适用缓刑：(1)多次实施的；(2)经劝阻仍继续实施的;(3)受过刑事处罚或者行政处罚后又实施的;(4)在人员密集场所实施的;(5)其他情节严重的情形。

7.准确认定高空坠物犯罪。过失导致物品从高空坠落,致人死亡、重伤,符合刑法第二百三十三条、第二百三十五条规定的,依照过失致人死亡罪、过失致人重伤罪定罪处罚。在生产、作业中违反有关安全管理规定,从高空坠落物品,发生重大伤亡事故或者造成其他严重后果的,依照刑法第一百三十四条第一款的规定,以重大责任事故罪定罪处罚。

三、坚持司法为民、公正司法,依法妥善审理高空抛物、坠物民事案件

8.加强高空抛物、坠物民事案件的审判工作。人民法院在处理高空抛物、坠物民事案件时,要充分认识此类案件中侵权行为给人民群众生命、健康、财产造成的严重损害,把维护人民群众合法权益放在首位。针对此类案件直接侵权人查找难、影响面广、处理难度大等特点,要创新审判方式,坚持多措并举,依法严惩高空抛物行为人,充分保护受害人。

9.做好诉讼服务与立案释明工作。人民法院对高空抛物、坠物案件,要坚持有案必立、有诉必理,为受害人线上线下立案提供方便。在受理从建筑物中抛掷物品、坠落物品造成他人损害的纠纷案件时,要向当事人释明尽量提供具体明确的侵权人,尽量限缩"可能加害的建筑物使用人"范围,减轻当事人诉累。对侵权人不明又不能依法追加其他责任人的,引导当事人通过多元化纠纷解决机制化解矛盾、补偿损失。

10.综合运用民事诉讼证据规则。人民法院在适用侵权责任法第八十七条裁判案件时,对能够证明自己不是侵权人的"可能加害的建筑物使用人",依法予以免责。要加大依职权调查取证力度,积极主动向物业服务企业、周边群众、技术专家等询问查证,加强与公安部门、基层组织等沟通协调,充分运用日常生活经验法则,最大限度查找确定直接侵权人并依法判决其承担侵权责任。

11. 区分坠落物、抛掷物的不同法律适用规则。建筑物及其搁置物、悬挂物发生脱落、坠落造成他人损害的，所有人、管理人或者使用人不能证明自己没有过错的，人民法院应当适用侵权责任法第八十五条的规定，依法判决其承担侵权责任；有其他责任人的，所有人、管理人或者使用人赔偿后向其他责任人主张追偿权的，人民法院应予支持。从建筑物中抛掷物品造成他人损害的，应当尽量查明直接侵权人，并依法判决其承担侵权责任。

12. 依法确定物业服务企业的责任。物业服务企业不履行或者不完全履行物业服务合同约定或者法律法规规定、相关行业规范确定的维修、养护、管理和维护义务，造成建筑物及其搁置物、悬挂物发生脱落、坠落致使他人损害的，人民法院依法判决其承担侵权责任。有其他责任人的，物业服务企业承担责任后，向其他责任人行使追偿权的，人民法院应予支持。物业服务企业隐匿、销毁、篡改或者拒不向人民法院提供相应证据，导致案件事实难以认定的，应当承担相应的不利后果。

13. 完善相关的审判程序机制。人民法院在审理疑难复杂或社会影响较大的高空抛物、坠物民事案件时，要充分运用人民陪审员、合议庭、主审法官会议等机制，充分发挥院、庭长的监督职责。涉及侵权责任法第八十七条适用的，可以提交院审判委员会讨论决定。

四、注重多元化解，坚持多措并举，不断完善预防和调处高空抛物、坠物纠纷的工作机制

14. 充分发挥多元解纷机制的作用。人民法院应当将高空抛物、坠物民事案件的处理纳入到建设一站式多元解纷机制的整体工作中，加强诉前、诉中调解工作，有效化解矛盾纠纷，努力实现法律效果与社会效果相统一。要根据每一个高空抛物、坠物案件的具体特点，带着对受害人的真挚感情，为当事人解难题、办实事，尽力做好调解工作，力促案结事了人和。

15. 推动完善社会救助工作。要充分运用诉讼费缓减免和司法救助制度,依法及时对经济上确有困难的高空抛物、坠物案件受害人给予救济。通过案件裁判、规则指引积极引导当事人参加社会保险转移风险、分担损失。支持各级政府有关部门探索建立高空抛物事故社会救助基金或者进行试点工作,对受害人损害进行合理分担。

16. 积极完善工作举措。要通过多种形式特别是人民群众喜闻乐见的方式加强法治宣传,持续强化以案释法工作,充分发挥司法裁判规范、指导、评价、引领社会价值的重要作用,大力弘扬社会主义核心价值观,形成良好社会风尚。要深入调研高空抛物、坠物案件的司法适用疑难问题,认真总结审判经验。对审理高空抛物、坠物案件中发现的新情况、新问题,及时层报最高人民法院。

最高人民法院关于审理走私、非法经营、非法使用兴奋剂刑事案件适用法律若干问题的解释

(2019 年 11 月 12 日最高人民法院审判委员会第 1781 次会议通过　2019 年 11 月 18 日最高人民法院公告公布　自 2020 年 1 月 1 日起施行　法释〔2019〕16 号)

为依法惩治走私、非法经营、非法使用兴奋剂犯罪,维护体育竞赛的公平竞争,保护体育运动参加者的身心健康,根据《中华人民共和国刑法》《中华人民共和国刑事诉讼法》的规定,制定本解释。

第一条　运动员、运动员辅助人员走私兴奋剂目录所列物质,或者其他人员以在体育竞赛中非法使用为目的走私兴奋剂目录所列物质,涉案物质属于国家禁止进出口的货物、物品,具有下列情形之一的,应当依照刑法第一百五十一条第三款的规定,以走私国

家禁止进出口的货物、物品罪定罪处罚：

（一）一年内曾因走私被给予二次以上行政处罚后又走私的；

（二）用于或者准备用于未成年人运动员、残疾人运动员的；

（三）用于或者准备用于国内、国际重大体育竞赛的；

（四）其他造成严重恶劣社会影响的情形。

实施前款规定的行为，涉案物质不属于国家禁止进出口的货物、物品，但偷逃应缴税额一万元以上或者一年内曾因走私被给予二次以上行政处罚后又走私的，应当依照刑法第一百五十三条的规定，以走私普通货物、物品罪定罪处罚。

对于本条第一款、第二款规定以外的走私兴奋剂目录所列物质行为，适用《最高人民法院、最高人民检察院关于办理走私刑事案件适用法律若干问题的解释》（法释〔2014〕10 号）规定的定罪量刑标准。

第二条 违反国家规定，未经许可经营兴奋剂目录所列物质，涉案物质属于法律、行政法规规定的限制买卖的物品，扰乱市场秩序，情节严重的，应当依照刑法第二百二十五条的规定，以非法经营罪定罪处罚。

第三条 对未成年人、残疾人负有监护、看护职责的人组织未成年人、残疾人在体育运动中非法使用兴奋剂，具有下列情形之一的，应当认定为刑法第二百六十条之一规定的"情节恶劣"，以虐待被监护、看护人罪定罪处罚：

（一）强迫未成年人、残疾人使用的；

（二）引诱、欺骗未成年人、残疾人长期使用的；

（三）其他严重损害未成年人、残疾人身心健康的情形。

第四条 在普通高等学校招生、公务员录用等法律规定的国家考试涉及的体育、体能测试等体育运动中，组织考生非法使用兴奋剂的，应当依照刑法第二百八十四条之一的规定，以组织考试作弊罪定罪处罚。

明知他人实施前款犯罪而为其提供兴奋剂的，依照前款的规定定罪处罚。

第五条　生产、销售含有兴奋剂目录所列物质的食品，符合刑法第一百四十三条、第一百四十四条规定的，以生产、销售不符合安全标准的食品罪、生产、销售有毒、有害食品罪定罪处罚。

第六条　国家机关工作人员在行使反兴奋剂管理职权时滥用职权或者玩忽职守，造成严重兴奋剂违规事件，严重损害国家声誉或者造成恶劣社会影响，符合刑法第三百九十七条规定的，以滥用职权罪、玩忽职守罪定罪处罚。

依法或者受委托行使反兴奋剂管理职权的单位的工作人员，在行使反兴奋剂管理职权时滥用职权或者玩忽职守的，依照前款规定定罪处罚。

第七条　实施本解释规定的行为，涉案物质属于毒品、制毒物品等，构成有关犯罪的，依照相应犯罪定罪处罚。

第八条　对于是否属于本解释规定的"兴奋剂""兴奋剂目录所列物质""体育运动""国内、国际重大体育竞赛"等专门性问题，应当依据《中华人民共和国体育法》《反兴奋剂条例》等法律法规，结合国务院体育主管部门出具的认定意见等证据材料作出认定。

第九条　本解释自 2020 年 1 月 1 日起施行。

附：

一、2019年11月份报国务院备案并予以登记的地方性法规、自治条例、单行条例和地方政府规章目录

地方性法规

法规名称	公布日期	备案登记编号
北京市非物质文化遗产条例	2019年1月20日	国司备字［2019000907］
天津市知识产权保护条例	2019年9月27日	国司备字［2019000903］
天津市司法鉴定管理条例	2019年9月27日	国司备字［2019000904］
天津市公安机关警务辅助人员管理条例	2019年9月27日	国司备字［2019000905］
天津市人民代表大会常务委员会关于促进和保障新时代滨海新区高质量发展的决定	2019年9月27日	国司备字［2019000906］
河北省人民代表大会常务委员会关于加强检察公益诉讼工作的决定	2019年9月28日	国司备字［2019000977］
河北省租赁房屋治安管理条例	2019年9月28日	国司备字［2019000978］
河北省学校安全条例	2019年9月28日	国司备字［2019000979］
石家庄市正定古城保护条例	2019年9月29日	国司备字［2019000984］
唐山市文明行为促进条例	2019年7月29日	国司备字［2019000933］
唐山市大气污染防治若干规定	2019年9月30日	国司备字［2019000983］

续表

法规名称	公布日期	备案登记编号
张家口市无障碍设施建设管理条例	2019 年 8 月 15 日	国司备字［2019000934］
张家口市公共场所控制吸烟条例	2019 年 8 月 15 日	国司备字［2019000957］
沧州市快递条例	2019 年 10 月 10 日	国司备字［2019000982］
衡水市城市市容和环境卫生管理条例	2019 年 9 月 29 日	国司备字［2019000980］
衡水市养犬管理条例	2019 年 9 月 29 日	国司备字［2019000981］
山西省哲学社会科学普及条例	2019 年 3 月 22 日	国司备字［2019000939］
辽宁省人民代表大会常务委员会关于废止《辽宁省食品摊贩和集市贸易食品卫生管理条例》等 10 件地方性法规的决定	2019 年 3 月 30 日	国司备字［2019000953］
抚顺市人民代表大会常务委员会关于废止《抚顺市森林防火条例》的决定	2019 年 3 月 30 日	国司备字［2019000952］
朝阳市人民代表大会常务委员会关于修改《朝阳市人民代表大会及其常务委员会立法条例》的决定	2019 年 3 月 30 日	国司备字［2019000951］
葫芦岛市城市供水用水条例	2019 年 4 月 11 日	国司备字［2019000985］
南京市人民代表大会常务委员会关于修改《南京市城乡规划条例》《南京市民用建筑节能条例》的决定	2019 年 10 月 10 日	国司备字［2019000917］
苏州市残疾人保障条例	2019 年 10 月 9 日	国司备字［2019000915］
无锡市人民代表大会常务委员会关于修改《无锡市禁止燃放烟花爆竹条例》等五件地方性法规的决定	2019 年 10 月 9 日	国司备字［2019000913］

续表

法规名称	公布日期	备案登记编号
徐州市市区农贸市场管理条例	2019 年 10 月 10 日	国司备字［2019000914］
浙江省农村生活污水处理设施管理条例	2019 年 9 月 27 日	国司备字［2019000867］
浙江省精神卫生条例	2019 年 9 月 27 日	国司备字［2019000868］
浙江省家庭教育促进条例	2019 年 9 月 27 日	国司备字［2019000869］
丽水市传统村落保护条例	2019 年 8 月 19 日	国司备字［2019000956］
合肥市献血条例	2019 年 10 月 16 日	国司备字［2019000895］
淮南市科技创新促进条例	2019 年 10 月 21 日	国司备字［2019000899］
宿州市公园条例	2019 年 10 月 14 日	国司备字［2019000897］
蚌埠市养犬管理条例	2019 年 10 月 15 日	国司备字［2019000898］
亳州市城市市容和环境卫生管理条例	2019 年 10 月 21 日	国司备字［2019000896］
马鞍山市文明行为促进条例	2019 年 10 月 16 日	国司备字［2019000900］
黄山市养犬管理条例	2019 年 10 月 15 日	国司备字［2019000901］
景德镇市烟花爆竹燃放管理条例	2019 年 10 月 14 日	国司备字［2019001001］
赣州市饮用水水源保护条例	2019 年 10 月 18 日	国司备字［2019000894］
新余市禁止燃放烟花爆竹规定	2019 年 10 月 10 日	国司备字［2019001002］

续表

法规名称	公布日期	备案登记编号
山东省学前教育条例	2019年9月27日	国司备字［2019000870］
山东省海上搜寻救助条例	2019年9月27日	国司备字［2019000871］
山东省人民代表大会常务委员会关于修改《山东省人民代表大会常务委员会制定地方性法规听证规定》的决定	2019年9月27日	国司备字［2019000941］
山东省人民代表大会常务委员会关于加强新时代检察机关法律监督工作的决议	2019年9月27日	国司备字［2019000945］
青岛市禁止燃放烟花爆竹规定	2019年9月27日	国司备字［2019000872］
淄博市文明行为促进条例	2019年9月29日	国司备字［2019000875］
临沂市饮用水水源地保护条例	2019年9月27日	国司备字［2019000877］
菏泽市烟花爆竹燃放管理条例	2019年10月17日	国司备字［2019000879］
日照市海岸带保护与利用管理条例	2019年9月29日	国司备字［2019000876］
德州市养老服务条例	2019年10月8日	国司备字［2019000878］
河南省人民代表大会常务委员会关于加强检察公益诉讼工作的决定	2019年9月27日	国司备字［2019000944］
洛阳市大气污染防治条例	2019年8月19日	国司备字［2019000923］
十堰市扬尘污染防治条例	2019年10月25日	国司备字［2019000997］
孝感市饮用水水源保护条例	2019年10月15日	国司备字［2019000964］
湖南省高新技术发展条例	2019年1月20日	国司备字［2019000911］

续表

法规名称	公布日期	备案登记编号
湖南省人民代表大会常务委员会关于修改《湖南省长株潭城市群生态绿心地区保护条例》的决定	2019 年 3 月 28 日	国司备字[2019000912]
湖南省环境保护条例	2019 年 9 月 28 日	国司备字[2019000968]
湖南省实施《中华人民共和国促进科技成果转化法》办法	2019 年 9 月 28 日	国司备字[2019000976]
广东省促进中小企业发展条例	2019 年 9 月 26 日	国司备字[2019000856]
广东省人民代表大会常务委员会关于修改《广东省食品安全条例》等十项地方性法规的决定	2019 年 9 月 25 日	国司备字[2019000857]
广东省自主创新促进条例	2019 年 9 月 25 日	国司备字[2019000858]
深圳市人民代表大会常务委员会关于市人民政府机构改革涉及深圳地方性法规规定的行政机关职责调整问题的决定	2019 年 1 月 25 日	国司备字[2019001007]
珠海经济特区禁毒条例	2019 年 9 月 27 日	国司备字[2019000919]
珠海经济特区横琴新区港澳建筑及相关工程咨询企业资质和专业人士执业资格认可规定	2019 年 9 月 27 日	国司备字[2019000920]
珠海经济特区园林绿化条例	2019 年 9 月 27 日	国司备字[2019000921]
惠州西湖风景名胜区保护条例	2019 年 10 月 30 日	国司备字[2019000975]
海南省大数据开发应用条例	2019 年 9 月 27 日	国司备字[2019000863]
海南经济特区律师条例	2019 年 9 月 27 日	国司备字[2019000864]
海口市湾长制规定	2019 年 10 月 10 日	国司备字[2019000865]

续表

法规名称	公布日期	备案登记编号
重庆市节约能源条例	2019年9月26日	国司备字［2019000881］
重庆市野生动物保护规定	2019年9月26日	国司备字［2019001006］
四川省人民代表大会常务委员会关于修改《四川省〈中华人民共和国环境影响评价法〉实施办法》的决定	2019年9月26日	国司备字［2019000880］
四川省人民代表大会常务委员会关于修改《四川省饮用水水源保护管理条例》的决定	2019年9月26日	国司备字［2019000886］
四川省人民代表大会常务委员会关于修改《四川省计量监督管理条例》的决定	2019年9月26日	国司备字［2019000891］
成都市人民代表大会常务委员会关于修改《成都市城市供水管理条例》《成都市兴隆湖区域生态保护条例》的决定	2019年9月30日	国司备字［2019000884］
成都市园林绿化条例	2019年9月30日	国司备字［2019000890］
自贡市文明行为促进条例	2019年10月11日	国司备字［2019000883］
攀枝花市环境噪声污染防治条例	2019年10月14日	国司备字［2019000889］
泸州市中心城区山体保护条例	2019年10月10日	国司备字［2019000885］
德阳市绵竹年画保护条例	2019年10月15日	国司备字［2019000887］
遂宁市观音湖保护条例	2019年10月8日	国司备字［2019000888］
雅安市村级河(湖)长制条例	2019年9月29日	国司备字［2019000892］
内江市城市市容和环境卫生管理条例	2019年9月29日	国司备字［2019000893］

续表

法规名称	公布日期	备案登记编号
云南省社会科学普及条例	2019 年 9 月 28 日	国司备字［2019000916］
曲靖市文明行为促进条例	2019 年 10 月 1 日	国司备字［2019000918］
临沧市城市绿化管理条例	2019 年 10 月 21 日	国司备字［2019000962］
普洱市河道采砂管理条例	2019 年 10 月 9 日	国司备字［2019000961］
红河哈尼族彝族自治州蒙自城市管理条例	2019 年 10 月 23 日	国司备字［2019000960］
怒江傈僳族自治州城乡环境卫生管理条例	2019 年 10 月 31 日	国司备字［2019000971］
西宁市城市供水用水条例	2019 年 10 月 28 日	国司备字［2019000963］
海西蒙古族藏族自治州促进枸杞产业发展条例	2019 年 10 月 21 日	国司备字［2019001000］
玉树藏族自治州石刻文化保护管理条例	2019 年 10 月 28 日	国司备字［2019000998］
宁夏回族自治区人民代表大会常务委员会关于宁夏回族自治区耕地占用税适用税额的决定	2019 年 8 月 14 日	国司备字［2019000932］
银川市物业管理条例	2019 年 10 月 9 日	国司备字［2019000928］
银川市养犬管理条例	2019 年 10 月 9 日	国司备字［2019000929］
石嘴山市工业企业大气污染防治条例	2019 年 9 月 29 日	国司备字［2019000930］
吴忠市文明行为促进条例	2019 年 10 月 9 日	国司备字［2019000931］

自治县的单行条例

条例名称	公布日期	备案登记编号
酉阳土家族苗族自治县农村公路条例	2019 年 10 月 9 日	国司备字［2019000948］
天祝藏族自治县人民代表大会关于废止《甘肃省天祝藏族自治县矿产资源管理条例》的决定	2019 年 6 月 10 日	国司备字［2019000954］

地方政府规章

规章名称	公布日期	备案登记编号
北京市科学技术奖励办法	2019 年 7 月 18 日	国司备字［2019000927］
河北省行政执法全过程记录办法	2019 年 10 月 22 日	国司备字［2019000965］
河北省行政执法公示办法	2019 年 10 月 22 日	国司备字［2019000966］
中国（河北）自由贸易试验区管理办法	2019 年 10 月 28 日	国司备字［2019000967］
唐山市人民政府关于废止部分政府规章的决定	2019 年 10 月 13 日	国司备字［2019000940］
邯郸市城市生活垃圾分类管理办法	2019 年 9 月 1 日	国司备字［2019000947］
乌海市人民政府关于修改《乌海市城市市容和环境卫生违法行为处罚规定》部分条款的决定	2019 年 9 月 5 日	国司备字［2019000992］
抚顺市人民政府关于废止和修改部分市政府规章的决定	2019 年 10 月 10 日	国司备字［2019000910］

续表

规章名称	公布日期	备案登记编号
辽阳市再生资源回收管理办法	2019 年 6 月 19 日	国司备字［2019000989］
吉林省重大行政决策程序规定	2019 年 10 月 18 日	国司备字［2019000969］
齐齐哈尔市人民政府关于废止部分规章的决定	2019 年 11 月 7 日	国司备字［2019000986］
上海市科学技术奖励规定	2019 年 8 月 2 日	国司备字［2019000860］
上海市公共数据开放暂行办法	2019 年 8 月 29 日	国司备字［2019000861］
上海市人民政府关于废止《上海市社会救助办法》的决定	2019 年 10 月 11 日	国司备字［2019000935］
中国(上海)自由贸易试验区临港新片区管理办法	2019 年 8 月 12 日	国司备字［2019000988］
苏州市防雷减灾管理办法	2019 年 11 月 12 日	国司备字［2019000996］
马鞍山市户外广告和招牌设置管理办法	2019 年 6 月 28 日	国司备字［2019000995］
福州市人民政府关于修改《福州市电动自行车管理办法》的决定	2019 年 10 月 8 日	国司备字［2019000970］
山东省企业投资项目核准和备案办法	2019 年 10 月 1 日	国司备字［2019000859］
濮阳市燃气管理办法	2019 年 10 月 1 日	国司备字［2019000926］
濮阳市集中供热管理办法	2019 年 10 月 14 日	国司备字［2019001003］
襄阳市养犬管理办法	2019 年 10 月 31 日	国司备字［2019000987］
鄂州市城镇二次供水管理办法	2019 年 10 月 15 日	国司备字［2019000991］

续表

规章名称	公布日期	备案登记编号
岳阳市城市二次供水管理办法	2019年1月17日	国司备字［2019000946］
广东省人民政府关于废止和修改部分省政府规章的决定	2019年8月13日	国司备字［2019000924］
广东省人民政府关于修改部分省政府规章的决定	2019年9月23日	国司备字［2019000925］
广东省最低生活保障制度实施办法	2019年7月12日	国司备字［2019000937］
广东省人民政府关于赋予经济发达镇行政管理体制改革试点镇部分县级行政职权的决定	2019年6月22日	国司备字［2019000938］
珠海市人民政府关于修改《珠海经济特区建设工程招标投标管理办法》有关条款的决定	2019年7月23日	国司备字［2019000959］
梅州市消防水源管理办法	2019年10月9日	国司备字［2019000866］
中山市人民政府关于修改《中山市人民政府起草地方性法规草案和制定政府规章程序规定》的决定	2019年10月25日	国司备字［2019000990］
贺州市扬尘污染防治管理办法	2019年10月11日	国司备字［2019000902］
重庆市人民政府关于废止和修改部分政府规章的决定	2019年10月10日	国司备字［2019000994］
泸州市餐厨垃圾管理办法	2019年8月21日	国司备字［2019000936］
昆明市建设工程造价管理办法	2019年9月30日	国司备字［2019000908］
西藏自治区村务公开办法	2019年2月28日	国司备字［2019000993］
陕西省人民政府关于废止《陕西省实施〈中华人民共和国耕地占用税暂行条例〉办法》的决定	2019年11月5日	国司备字［2019000974］

续表

规章名称	公布日期	备案登记编号
甘肃省人民政府重大行政决策程序规定	2019 年 9 月 25 日	国司备字［2019001004］
甘肃省人民政府关于废止《甘肃省人民政府关于重大安全事故行政责任追究的规定》等 7 件政府规章的决定	2019 年 10 月 11 日	国司备字［2019001005］
海东市城市园林绿化管理办法	2019 年 4 月 10 日	国司备字［2019000942］
海东市城市供水用水管理办法	2017 年 4 月 10 日	国司备字［2019000943］
银川市人民政府关于废止《银川市建设工程招标投标管理办法》的决定	2019 年 5 月 24 日	国司备字［2019000958］

二、中华人民共和国新法规汇编 2019 年目录索引

法 律

有关法律问题的决定

行政法规

国务院文件

国务院部门规章

司法解释